DIETER NUHR

NUHR WEITER SO

DAS BUCH ZUM PROGRAMM

„Vielleicht ist es ein Vorzug,
wenn man über Dinge
nicht gleich wie ein Psychologe
oder ein Politologe redet, der sie
immer schon verstanden hat,
sondern aus der Perspektive
des gescheiterten Weltflüchters,
der zunächst keine Theorie hat,
vielmehr eine Erregung teilt."

Peter Sloterdijk

©1996 con anima Verlag Christian Franzkowiak, Düsseldorf
Telefon/Fax: 02 11 – 4 22 06 67
Alle Rechte vorbehalten. Abdruck, auch auszugsweise,
nur mit ausdrücklicher Genehmigung des Verlages.
Umschlagentwurf und Foto: Achim Rosenthal
Innenfotos: Christian Franzkowiak
Herstellung: Brigitte Brehm-Franzkowiak
Lithographie: Lasenga & Partner, Kaarst
Druck und Einband: VVA, Düsseldorf

ISBN 3-931265-05-6

INHALTSVERZEICHNIS

1. Teil: Grundlagen der Gegenwartsanalyse.
Wo geht's lang?

EINFÜHRUNG: PÄDAGOGIK.
Wofür braucht man Kinder?

Ja, guten Abend zusammen, schön, daß Sie da sind. Wir sind unter uns, wir könnten uns also einen wunderbaren Abend zusammen machen. Könnten, weil ... ja, ich muß Sie wieder vorwarnen: Ich habe schon wieder wahnsinnig schlechte Laune. Ich wollte das Programm eigentlich noch mal überarbeiten, noch ein bißchen feilen, aber da bin ich natürlich wieder nicht zu gekommen. Zu Hause kommt man ja zu nix, ständig ist irgendwas.

Letzten Sonntag zum Beispiel, da wollt' ich mal den ganzen Tag arbeiten, ganz diszipliniert, aber dann kam wieder ein Freund von mir zu Besuch, beziehungsweise ein Bekannter muß ich wohl sagen, weil er ist Vater geworden vor ein paar Jahren. Er hat jetzt ein Kind. Was sag' ich? Kind? Einen Terroristen!

Verstehen Sie mich nicht falsch, ich hab' nichts gegen Kinder. Im Gegenteil, Zaun drum, drei mal am Tag Fütterung, find' ich völlig in Ordnung. Ich streichle die sogar – wenn sie nicht beißen. Aber dieses Kind, Lars, vier Jahre alt, kommt rein ins Wohnzimmer, taxiert den Wert aller Gegenstände im Raum, läuft dann direkt auf meine Box zu und sticht mit dem Zeigefinger in meinen Tieftöner.

Ich hab' mich so geärgert, daß ich mir nicht diese Boxen von Bang & Olufsen gekauft habe, mit der Metallplatte vorne, da hätte er sich wenigstens den Finger dran gebrochen. Ich weiß, das ist hart. Und Jesus hat gesagt: „Lasset die Kindlein zu mir kommen ..." Aber der hatte auch keine Boxen für 1200 Mark!

Dieses Kind benimmt sich überall so, als wäre es zu Hause. Die Eltern sind Lehrer, das sagt ja wohl alles. Das ist das absolut schlimmste, wenn Pädagogen Kinder erziehen. Hans-Peter, also so heißt mein Bekannter, Hans-Peter kauft ja auch nur pädagogisch wertvolles Spielzeug. Holz, alles aus Holz. Ich sag' immer: Wenn Hans-Peter etwas mehr für Plastik übrig hätte, wäre ihm die Sache mit Lars gar nicht passiert.

Aber Hans-Peter sagt halt: „Holz ist pädagogisch", sagt er, „und Plastik ist einfach nicht gefühlsecht." Und da ist es halt passiert. Obwohl ja Inge immer genau die Temperatur gemessen hat. Als Sozialdemokrat versteht sich Hans-Peter natürlich auch als emanzipierter Ehemann, hat sich deshalb natürlich auch an der Verhütung beteiligt, hat auch immer seine Temperatur gemessen, auch in so eine Karte eingetragen. Und man muß der Fairneß halber sagen: Bei ihm ist nichts passiert.

Er hat mir erklärt, er hätte das aus so einem Verständnis von gleichberechtigter Partnerschaft heraus gemacht.

Er war ja auch mit im Kursus, hat Preßwehen simuliert, 6 Monate lang ... und dann? Kaiserschnitt – alles umsonst.

HISTORISCHE EINORDNUNG.
Wo bleibt eigentlich der Weltuntergang?

Naja, da war er plötzlich da, der Lars. Dabei haben Hans-Peter und ich früher immer gesagt: „Nein, in diese Welt setzen wir keine Kinder!" Das haben früher eigentlich alle gesagt. Und jetzt, wenn ich mich so umgucke in meinem Bekanntenkreis: die werfen wie die Karnickel! Es war ja auch Quatsch! „In diese Welt keine Kinder ...“

Als wenn die Welt früher besser gewesen wäre, als wir geboren wurden, 1960, da gab es ja noch nicht mal Pampers, da gab es nichts von dem, was Kinder heute so selbstverständlich für ihre Entwicklung brauchen, kein Super-Nintendo, keine World-Wrestling-Federation, nix, keine Fruchtzwerge, gar nix.

Da haben es die Kinder doch heute sogar besser. Sicher, die Kinder wachsen natürlich heute in eine völlig entfremdete, hochtechnisierte Zukunft hinein, aber das ist ja besser als gar keine Zukunft.

Wir haben doch früher an Zukunft überhaupt nicht mehr geglaubt, wir haben gedacht, die Welt sei politisch-ökologisch am Ende: Treibhauseffekt, Atomkraft, Wettrüsten, Waldsterben. Da haben wir gedacht: Zukunft kannst du vergessen. Wir haben doch von der Zukunft gar nichts mehr erwartet, deshalb haben wir uns ja dann fürs Lehramt eingeschrieben. Weil wir gedacht haben: Komm, ist eh vorbei. Und wenn schon keine Zukunft, dann wenigstens nachmittags frei.

Aber dann dauerte das ja wider Erwarten mit dem Waldsterben, der Wald stirbt ja indessen seit sechzehn Jahren, das ist ja in dem Sinne gar kein Sterben mehr. Mehr ein Dahinvegetieren. Der Wald scheint mehr so eine Art Hypochonder zu sein. Es heißt ja nicht umsonst: *der* Wald. Männlich. Oder die Klimaerwärmung, wenn ich heute mal so an die Sommer der letzten Jahre denke, so schön warm und so ..., also wenn das die Klimakatastrophe ist, dann lass' ich bei meinem Auto ab sofort nachts den Motor laufen.

Gut, das meine ich natürlich jetzt nicht ehrlich. Ich weiß, daß es noch lange keine Entwarnung geben kann. Die Wüsten breiten sich aus, die Gletscher in den Alpen schmelzen, aber das dauert, bis das alles mal völlig zusammenbricht, und das lähmt dann auch irgendwie die Panik. Ich weiß nicht, wie's Ihnen geht, aber ich schaffe das manchmal gar nicht mehr, dieses ständige Panikgefühl aufrechtzuerhalten. Manchmal kriege ich sogar Anfälle von Optimismus, da geht es mir derart gut, das macht mich depressiv.

Daß der globale Zusammenbruch irgendwann kommt, daran zweifelt ja ernsthaft keiner. Aber es gibt Wissenschaftler, die sagen: Vor 2050 wird da gar nichts draus. Ja, hören Sie mal! Im Jahr 2050 bin ich 90. Da brauche ich keinen Weltuntergang mehr, um den Löffel abzugeben. Und vor allen Dingen: Was soll ich bis dahin machen? Auf Zukunft war ich nun wirklich nicht vorbereitet. Gut, wenigstens stirbt der Standort Deutschland. Da hat man auch was zum Heulen. Hier in Deutschland muß der Untergang in irgendeiner Form immer präsent sein. Und das Standortproblem ersetzt zwar nicht den Weltuntergang, aber es ist besser als nichts.

Bald arbeitet ja gar keiner mehr. Wie es weitergehen wird, ist schon abzusehen: Die Waren müssen immer automatisierter produziert werden, weil die Menschen in diesem Lande zu teuer sind. Also braucht man die Menschen praktisch nur noch zum Warenverbrauch. Den können sich die überflüssig gewordenen Menschen dann aber in Zukunft nicht mehr leisten. Also wird auch der Warenverbrauch automatisiert werden. Wie wird das dann aussehen? Eine Maschine stellt Negerküsse her, die zweite Maschine frißt sie. Und die Menschen haben frei.

Eigentlich auch nicht gerade eine Horrorvorstellung, denn ich hab' da indessen mit vielen Menschen drüber gesprochen, und die meisten Menschen brauchen gar keine Arbeit, sie brauchen Geld. Und das erwirtschaften dann eben die Maschinen. Der Rest ist eine Frage der Verteilung. Dazu kommt noch: Das Ganze hat auch ökologische Vorteile. Ohne Arbeit kein Berufsverkehr mehr, kein Stau.

Das wäre schön. Wobei mich persönlich am Stau am meisten nervt, wenn man auch noch provoziert wird. Ich hab' am Sonntag auf dem Kölner Ring im Stau gestanden, und da sah ich so ein Schild am Rand, eine dieser Plakatwände, die immer am Autobahnrand stehen, auf freier Strecke, und im Stau ist man ja für jede Abwechslung dankbar, also dachte ich so bei mir: „Och, was da wohl draufsteht?" Drei Stunden später war ich 300 Meter vorangekommen. Da konnte ich lesen, was draufstand: Mach mal Pause!

Da frag' ich mich: Wieso haben eigentlich so viele Menschen Zeit, am hellichten Tage auf irgendwelchen Autobahnen rumzustehen? Sind die Menschen in diesem Land bereits heute so überflüssig, daß man sie auf drei Fahrspuren nebeneinander zwischenlagern muß? Das Auto als temporärer Sarg für noch nicht verstorbene Leichen?

Ich traue mich gar nicht mehr, ohne Proviant loszufahren. Wenn ich auf der A3 unterwegs bin, wobei unterwegs ja nun schon übertrieben ist, wenn ich also auf der A3 so vor mich hin dümpele, da hab' ich aber alles mit dabei: Schiffszwieback, Vitamintabletten, das brauche ich alles, damit ich auf der Passage von Düsseldorf nach Köln nicht schon nach sechs Wochen Skorbut kriege.

Da hat man Air-Bag, ABS, Bordcomputer – und die Fußgänger überholen einen. Wahrscheinlich gibt's bald auch noch beheizte Reifen, damit man bei Frost nicht festfriert. Technologisch in der Zukunft, verkehrstechnisch in der Eisenzeit. Ich glaube, die Technik ist indessen derartig hochentwickelt, daß der Mensch jetzt erst mal lernen muß, mit diesem ganzen Fortschritt richtig fertig zu werden. Das ist jetzt das Gebot der Stunde. Der Mensch muß lernen, die Technik zu seinem Vorteil zu nutzen.

KONKLUSION:
ZUR NOTWENDIGKEIT DES TECHNISCHEN FORTSCHRITTS.
Wo ist mein Ersatzgedächtnis?

Und da ist jeder einzelne gefragt. Ich versuche auch dranzubleiben, was die technische Entwicklung angeht. Deshalb hab' ich jetzt auch meinen Anrufbeantworter zum Beispiel, den hab' ich indessen digital über den Computer laufen, das war gar nicht so einfach, ich hab' mir ein PCMCIA-Fax-Modem installiert und dabei einen Schneidezahn verloren, weil ich in die Tischplatte gebissen habe. Aber ich geb' da nicht auf, ich habe noch nie vor einem Handbuch kapituliert! Und man weiß ja auch nicht, ob man diese ganze Technik nicht doch irgendwann mal braucht. Als vor hundert Jahren der Verbrennungsmotor erfunden wurde, wußte man ja auch noch nicht, daß das mal beim Pizzataxi enden würde.

Und deshalb will ich die technische Entwicklung nicht verpassen. Ich will ja nicht so enden wie meine Eltern. Die haben seit zehn Jahren einen Videorecorder, und immer, wenn die was aufnehmen wollen, führen wir ein halbstündiges Telefongespräch. Wenn ich meine Mutter schon höre: „Da ist kein Schalter." – „Mutti, guck' doch mal unter der Klappe!" – „Da ist keine Klappe." – „Vorn auf dem Videorecorder." – „Da ist kein Videorecorder." Das halt ich nicht aus.

Nein, nein, ich bleibe da dran, ich hab' mir jetzt auch so einen elektronischen Terminplaner gekauft, die sieht man ja jetzt auch immer öfter. Also, wenn Sie sich auch so einen elektrischen Terminplaner kaufen wollen, dann fragen Sie mich lieber vorher, da gibt's wahnsinnige Qualitätsunterschiede! Furchtbar finde ich die, wo man mit dem Kugelschreiber eine mikroskopisch kleine Tastatur bedienen muß. Deren Besitzer erkennt man immer an dem verkniffenen Gesichtsausdruck beim Eingeben. Die haben auch immer einen Flachmann mit Cognac in der Jackentasche, um die Hand ruhigzustellen, sonst geht da nämlich gar nichts.

Ich habe natürlich nicht so ein primitives Gerät. Mein Organizer hat überhaupt keine Tastatur mehr, sondern ein Handschrifterkennungsprogramm. Das ist toll, denn da hab' ich das Gefühl, der versteht mich. Da trägt man handschriftlich auf einem Display ein: „Bernd anrufen!" Und das Ding versteht: „Buenos Aires." Und wenn ich dann am nächsten Tag nachlese: „Buenos Aires", da weiß ich doch: Moment mal, ich muß ja noch den Bernd anrufen. Das schult das Gedächtnis, Wahnsinn!

Wobei ich übrigens glaube: Diese Technologisierung des Alltäglichen, das muß ein ganz spezifisch männlicher Defekt sein. Ich habe noch nie eine Frau mit so einem elektronischen Terminplaner gesehen. Das muß irgendwie genetische Ursachen haben oder hormonelle. So wie ja auch nur Männer im Stehen pinkeln oder T-Shirts tragen mit der Aufschrift: „Bier formte diesen schönen Körper". Das können Frauen gar nicht. Und solche Organizer – also das ist mein fester Glaube – Frauen begreifen das nicht! Frauen können das gar nicht begreifen! Frauen begreifen nicht, daß Männer für Hunderte von Marken Geräte kaufen, die Batterien brauchen, um Dinge zu erledigen, die man ohne das Gerät in der Hälfte der Zeit schafft.

Bis ich in meinem Computer-Zeiterfassungsprogramm meine Ziele und Vorhaben definiert habe, hat meine

Freundin die gleichen Aufgaben schon erledigt und erledigt dann das, was ich aus Zeitgründen nicht mehr schaffe. Und das ist der Punkt.

Ein Mann will mit diesem ganzen elektronischen Zeug keine Zeit sparen. Im Gegenteil. Er will die Zeit totschlagen. Ein Mann ist mit diesen elektronischen Geräten derart beschäftigt, daß er gar nicht mehr auf die Idee kommt, er könnte mal den Müll raustragen. Ich kann in meinen Organizer pro Datensatz eine Million Zeichen eingeben. Das entspricht dem Telefonbuch einer Kleinstadt. Haben Sie schon mal ein Telefonbuch abgeschrieben? Das dauert. Da können die Unterhosen in der Waschmaschine von mir aus verschimmeln.

Ich kann mich mit diesen Banalitäten nicht mehr beschäftigen, weil ich mich auf die Zukunft vorbereiten muß. Wir stehen ja nun mal an der Schwelle zu einem neuen Jahrtausend. Ich vermisse da bei den Menschen auch so ein bißchen die Begeisterung, da ist so überhaupt keine Aufbruchstimmung, von wegen: „Neues Jahrtausend, da fangen wir noch mal von vorne an!" Nein, da ist eher so eine Endzeitstimmung, von wegen: „Was? Neues Jahrtausend? Das mach' ich aber nicht noch mal bis zum Ende mit."

Ich weiß gar nicht, warum die Leute dieses Jahrtausend so negativ sehen. Gut, wir hatten die Kreuzzüge, die Welt-

kriege, die Lindenstraße. Große Philosophen, Immanuel
Kant, Schopenhauer, Otto Rehagel, das ist ja eine atem-
beraubende Entwicklung vom Rationalismus über den
Idealismus hin zum Infantilismus.

Ich bin gespannt, wie das weitergeht, die Zukunft beginnt ja gerade erst.

PLÄDOYER FÜR EINEN KRITISCHEN FORTSCHRITTSBEGRIFF.
Kann Buntheit Hirnzellen töten?

Was nicht heißen soll, daß jetzt alles, was neu ist, unbedingt besser sein muß als das Alte. Das wäre ja nun naiv,
wenn man das glauben würde.

Man sieht's ja beim Fernsehen, was da in den letzten
Jahren an Sendern dazugekommen ist, das hat ja mit Fortschritt nichts zu tun. Ich hab' mir neulich mal gnadenlos
eine Stunde VIVA angeguckt. Also da ist mir richtig be-
wußt geworden, daß das Alter auch im Hinblick auf den
nahenden Tod eine Gnade sein kann.

Also wenn man das sieht, da fragt man sich doch, ob
die menschliche Fortpflanzung überhaupt noch einen Sinn
hat. Diese geklonten Moderatoren, die sich alle bewegen
wie auf locker programmierte Androiden, die ihr Bewe-
gungsrepertoire in der Augsburger Puppenkiste gelernt
haben. Wenn ich diesen Nils Bokelberg reden höre, da

denk' ich doch: „Das kann doch nicht der Mund sein, mit dem der redet, das ist doch der Schließmuskel."

Das geht mir auf die Nerven, dieses ewige: „Be young, have fun." Alles muß neu sein, muß mitgemacht werden. Ja, was soll ich denn machen? Soll ich jetzt wie ein Hip-Hopper rumlaufen? Das ist doch lächerlich! Soll ich jetzt zum Techno-Rave gehen und dem Türsteher ins Ohr jammern: „Nehmt mich auf, ein Herz für Senioren!"

Nein, man muß sich das auch mal eingestehen können, daß die Zeit vergeht. Die Leute, auf deren Musik wir früher abgefahren sind, die sind doch entweder tot – oder sie sind immer noch auf Tournee, und man weiß nicht, was schlimmer ist!

THE WHO spielen jetzt wieder zusammen. Muß das sein? Die spielen da nach 25 Jahren immer noch „My Generation" – mit geschwollener Prostata. Das ist doch furchtbar.

Die Zeit vergeht nun mal, da kann man doch nicht so tun, als wenn nichts wäre. Neulich ist in der Straßenbahn zum ersten Mal ein Kind für mich aufgestanden. Ich hätte dem fast eine geschmiert. So ein Flegel.

Oder neulich, da hat mir einer nach dem Auftritt erzählt, er wäre in einer Disco gewesen (und der war ungefähr in meinem Alter), und neben ihm hätten so ein paar Teenies an der Theke gestanden, und er hätte genau gesehen, wie die zu ihm rübergeguckt hätten, und dann hätte die eine zur anderen gesagt: „Guck mal, jetzt kommen sie schon zum Sterben her."

Selbst schuld. Ich meine, was macht der auch in 'ner Disco? Ich sag' doch: Es gibt nichts Schlimmeres als Menschen, die nicht in Würde altern können. Gibt es etwas Peinlicheres, als 35jährige mit falschrum aufgesetzten Baseballkappen? Gut, ja, 45jährige mit falschrum aufgesetzter Baseballkappe. Mein Gott, man muß sich doch im Alter nicht zum Affen machen.

Man muß auch nicht immer alles mitmachen. Ich trage auch keine orange-blau-grünen Radlerhosen, wenn ich mich am Wochenende mal aufs Fahrrad setze. Oder Sturzhelm. Was soll denn das? 30 Jahre lang bin ich mit meinem schmierigen Hollandrad ohne Licht gegen die Fahrtrichtung durch die Einbahnstraßen gefahren, und plötzlich soll ich beim City-Biking auf dem Radweg einen Sturzhelm tragen.

Und mit Schmerbauch und Tränensäcken macht man auch keinen Free-Climbing-Kursus mehr. Furchtbar, diese Bürohengste, die sonntags morgens an der Küchenzeile entlangklettern, vom Kühlschrank über die Dunstabzugshaube in den Mülleimer hinein. Und da schlagen sie dann ihr Biwak auf und übernachten. Und dazu tragen sie T-Shirts mit der Aufschrift: „Challenge the elements!"

Oder: „Test the limit!" Zu deutsch: Überprüfe deine Beschränkung!

Wirklich, es gibt Leute, die machen alles mit, Hauptsache, es ist neu. Aber das sind auch oft Leute, die haben ihren Kopf nur, damit die Haare nicht in die Speiseröhre fallen.

Mit dem Sturzhelm auf dem City-Bike! Und dann noch in Neonfarben, daß ich aussehe wie ein überfahrener Papagei. Ich meine, ich hab' nichts gegen Farben. Wir waren ja früher auch für mehr Buntheit, mehr Phantasie, selbst auf dem letzten angegrauten Recyclingpapier hatten wir immer noch einen Regenbogen drauf. Aber was die Menschen heute tragen, das hat ja mit Farbe nichts mehr zu tun, das ist ja netzhautverätzend! Selbst die muffigsten Gestalten tragen heute Freizeitklamotten in Schockfarben.

Wissen Sie, was ich glaube? Früher war die Avantgarde schrill, bunt, ausgeflippt und spontan. Das hat der Kleinbürger dann übernommen und wie üblich ohne Maß und Verstand ins Aufdringlichste gesteigert. Und wenn man heute anders sein will, dann ist man einfarbig, nachdenklich und still. Die Avantgarde von heute flieht in Ruheräume und Farblosigkeit, weil die überall ausgegossene schrille Buntheit völlig blind macht für Nuancen und leise Töne.

DIE PRIVATSPHÄRE ALS SCHUTZRAUM.
Gibt es noch geräuschfreie Orte?

Und wenn man dann mal dieser Reizüberflutung ent-
fliehen will, mal einfach seine Ruhe haben will, zu sich
selbst finden will, vielleicht in seinen eigenen vier Wänden, dann kommt todsicher Lars – und erinnert einen
daran, daß die Zukunft nicht Fortschritt bedeutet, sondern Zerstörung.

Dieses Kind ist vergleichbar mit einer mittelalterlichen
Mongolenherde. Die Eltern haben aber auch dieses ganze
Zerstörungszeug immer mit dabei. Die kommen ja immer
beladen mit Klamotten. Wenn die schon in der Tür stehen, mit ihren Decken, dem Wagen, die Arieltrommel mit
dem Teufelszeug, schon wenn die in der Tür stehen,
denke ich, die wollen bei mir einziehen. Und wenn dann
Lars seine Knete im Teppichboden verteilt hat, geht er mit
der Fingerfarbe auf die Möbel über. Lars besitzt praktisch
alles, was man aus Stoff oder Teppich nur noch mit der
Lötlampe rauskriegt.

Lars ist Spezialist in Ledersofas: Kennen Sie diese Farbe:
Kinderkotze an Saharabeige? Das ist Lars. Das findet Hans-
Peter ganz normal, so wären Kinder nun mal. Meine Wohnung sei halt nicht kindgerecht, und was ich mich aufre-
gen würde, ob ich jetzt Spießer geworden wäre. „Nein",
sag' ich dann zu ihm, „Spießer nicht direkt, aber ich muß

zugeben, bei Kinderkotze werde ich immer irgendwie bürgerlich." Und kindgerecht, was heißt das? Ohne Möbel und Gummi an den Wänden?

Muß ich jetzt schon meine eigene Wohnung dem Fortpflanzungswahn fremder Menschen anpassen? Ist es überhaupt noch möglich, sich vor dieser Welt zu schützen? Was da alles auf einen einpoltert ... Gibt es eigentlich noch geräuschfreie Orte? Orte der Meditation, wo man mal in Ruhe nachdenken kann über das Leben und den Tod?

KRANKHEIT ALS LEBENSERFAHRUNG.
Sind alle Ärzte Metzger?

Im Wartezimmer vielleicht, beim Arzt, über den Tod denkt man am besten in einem Wartezimmer nach. Da ist von vornherein schon so eine morbide Atmosphäre. Neben Ihnen einer, der ständig Lungenbläschen auf den Teppichboden hustet, auf der anderen Seite einer, der so säuerlich ausdünstet und dabei seine Ekzeme aufkratzt. Dazu passend die Luft – da hat man nach einer halben Stunde einen Geschmack im Mund, als wenn man einen alten Persianer zerkaut hätte. Dazu eine anregende Geräuschkulisse: von links ein Husten aus dem letzten Loch, sehr beliebt auch ein vom Zerfall gezeichnetes Röcheln, aus der Ecke noch ein heiteres Rotzen. Also wer da nicht über den Tod nachdenkt, dem ist nicht mehr zu helfen.

Wobei ich natürlich nicht bloß wegen der Atmosphäre zum Arzt gehe, sondern weil die immer so gute Steuertips geben. Die meisten Ärzte verstehen von Steuern wesentlich mehr als vom Heilen. Also mein Arzt ist, was die medizinische Forschung angeht, nicht so ganz auf dem laufenden, aber er hat den absoluten Durchblick bei geschlossenen Immobilienfonds. Als Arzt ist er eher so drauf, daß er einen wegen jeder Kleinigkeit zehnmal wiederkommen läßt, auf der anderen Seite schwere Krankheiten grundsätzlich nicht diagnostiziert. Ich weiß auch nicht, warum er das macht, vielleicht will er sich von einer Krankheit nicht vorschreiben lassen, welche Diagnose er zu stellen hat.

Neulich wollte ich mal wieder hin, weil ich krank war, da hat meine Freundin gleich Panik gekriegt, da hat sie zu mir gesagt: „Geh doch mal zu einem anderen, wofür haben wir die freie Arztwahl." Ja, freie Arztwahl, was bringt das denn? Einem Schwein würd's ja auch nicht helfen, wenn es sich den Metzger aussuchen dürfte.

EXKURS: ÜBER TIERHALTUNG.
Sind Hunde auch Tiere?

Dann traf ich im Wartezimmer auch noch ausgerechnet meine Nachbarin. Meine Nachbarin spricht ja nicht mehr mit mir, seit sie sich diesen Hund zugelegt hat. Ich hatte sie so ein paar Tage vorher auf der Straße getroffen. Sie stand da halt mit ihrem, ja, Hund ist vielleicht auch zuviel gesagt. Mehr sowas widerlich Haariges, aber winzig klein, wo man gleich Angst hat draufzutreten, denn das kriegt man aus dem Profil nicht mehr raus ... Auf jeden Fall so ein Hund, wo auch die Leine lächerlich aussieht, wofür bindet man sowas an, sowas läuft doch nicht weg, sowas hat man sich zugezogen, das wird man nie mehr los, das ist wie eine Infektion. Eine überdimensionale Bazille. Eine Bazille, die Stöckchen holen geht. Mit anderen Worten: dümmer als eine Amöbe.

Das kann ich am besten leiden, wenn Menschen diese Dressierbarkeit noch als Intelligenz auslegen. „Der ist schlau! Der ist schlau! Wenn ich dem sag': ‚Mach Männchen!', dann macht der Männchen. Der ist schlau!" Ich versuche dann immer, solchen Menschen zu erklären, daß Schlauheit etwas Relatives sei. Ich könnte mir nicht vorstellen, daß jemand, der immer Männchen macht, wenn es ihm befohlen wird, jemals Aufsichtsrat wird. Aber das ist für solche Menschen dann meistens auch schon zu kompliziert.

Gut, da stand meine Nachbarin, ganz stolz auf ihren neuen Rassehund, und sagte auch gleich: „Herr Nuhr, gucken Sie mal, ich habe jetzt einen Hund." Ich wollte erst sagen: „Schön. Dann müssen Sie mit dem auch mal spazieren gehen, mit Ihrem neuen Hund, anstatt hier diese Nachgeburt hinter sich herzuziehen."

Hab' ich aber nicht gesagt. Ich war total höflich, und ich hab' sie halt gefragt, was man dann so fragt, wenn jemand einen neuen Hund hat: „Och, ein neuer Hund. Wie schön ..." Und dann konnte ich nicht mehr anders und hab' sie gefragt: „Und wie bereitet man den zu, gekocht oder gebraten?" Sie so ganz pikiert: „Das ist wieder typisch, Herr Nuhr. Weder gebraten noch gekocht." Humor ist nicht gerade ihre Stärke. Ich wollt' noch sagen: „Wie, weder gebraten noch gekocht ... das Vieh kann man doch nicht roh essen!" Aber da war sie auch schon weg. Und ausgerechnet die muß da im Wartezimmer auftauchen. Hat sich wahrscheinlich bei ihrem Köter die Staupe geholt. Und ist zu stolz, zum Veterinär zu gehen.

KRANKHEIT UND KULTUR.
Werden wir alle immer blöder?

Naja, jedenfalls saß ich also da mit ihr im Wartezimmer. Ich habe mich natürlich sofort hinter einer Zeitung versteckt, gar nicht mal so alt, jedenfalls schon Nachkriegszeit. Also diese Zeitschriften haben ja ein Alter, es ist ja erstaunlich, wie lange Papier hält. Ich suche diese Zeitschriftentische immer ganz genau durch, bis ganz unten. Ich denke immer, vielleicht finde ich ja irgendwann mal eine mittelalterliche Handschrift. Die sind ja wertvoll. Aber die meisten haben dann ja doch bloß wieder diese Käseblätter, FRAU IM SPIEGEL, GOLDENES BLATT, FOCUS und so. All diese Blätter, die ihren Lesern keine Artikel mehr über zwei Spalten zutrauen. FOCUS rühmt sich ja praktisch damit, eine Zeitung zu sein für Leser, die keine Zeit zum Lesen haben. Deswegen gibt's ja in FOCUS praktisch nur Bildchen und Grafiken, in den Artikeln steht nichts drin, muß ja auch nicht, weil ja die Artikel praktisch nur die Beilage zur Werbung sind. Die ganze Zeitung ist also praktisch für Analphabeten gemacht – und das finde ich auch gut und wichtig, daß es so was gibt. Aber diese Zielgruppe dann als Informationselite zu umwerben, da muß man erst mal drauf kommen.

Da frage ich mich dann oft: Sind die Menschen eigentlich so dämlich geworden, oder werden sie bloß für immer dämlicher gehalten?

Beim Radio ist es ja dasselbe. Sprache nicht mehr über 1:30. Dann muß wieder Musik kommen, auch wenn dann der entscheidende Gedanke überhaupt nicht mehr zur Sprache ... , aber wer hat heute schon noch entscheidende Gedanken. Ist doch alles schon mal gedacht worden. Es gibt doch nichts Neues mehr, wird doch immer gesagt. Warum also weiterdenken. Es muß auch mal Schluß sein. Musik! Fertig.

Stimmt ja auch. Ist doch alles schon bekannt. Eigentlich hat ja schon Shakespeare alles gewußt, ja, schon Sophokles, Euripides, die klassische griechische Tragödie: Freud und Leid, Schuld und Sühne, ist doch alles eigentlich genau wie bei Rosamunde Pilcher, alles schon mal dagewesen. Und Dante war ja eigentlich auch bloß so eine Art Konsalik des Mittelalters. Jesus wäre heute ein Fall für Hans Meiser. Und ist nicht sogar Dr. Stefan Frank, „der Arzt, dem die Frauen vertrauen", schön blöd eigentlich, ja ist nicht sogar dieser Dr. Stefan Frank eine Art Dr. Faustus der Mattscheibe? Lacht nicht hinter dem weißen Arztkittel der satanische Rammler der Witwen und Hausfrauen?

Alles schon mal dagewesen. Meine Theorie ist ja: Wenn alle alles wissen, dann müssen die Denker eben wieder mit dem Vergessen beginnen. Die Kultur muß völlig verschwinden, damit man sie neu entdecken kann. Und genau dieser Prozeß hat ja bereits begonnen. Die Kultur ist längst dabei, sich selbst überflüssig zu machen. Die Kunst ist zur Unterhaltung geworden, die Musik ist zum Musical verkommen, statt Diskussionen haben wir heute den Talk, und statt Information gibt's Infotainment. Wobei das natürlich auch interessant sein kann, denn wo, wenn nicht zum Beispiel bei Schreinemakers, kann man in nur drei Minuten Interview erfahren, daß einbeinige, blinde,

sadomasochistische, in ihrer Kindheit mißbrauchte Voll-
waisen, schluchz, daß die manchmal gar nicht richtig
glücklich sind.

Und wo uns die Tagesthemen mit diesem ganzen Polit-
kram langweilen, da beschäftigt sich eine Sendung wie
Explosiv mit Themen, die die Menschen wirklich
berühren: „Pittbull beißt Großmutter!!!" Da gehen die
Emotionen hoch, wobei ich ja immer sage, man muß
beide Seiten verstehen. Für den einen ist es halt Großmutter, und für den Pittbull ist es die wahrscheinlich älteste
Praline der Welt.

So ist das halt. Das Anspruchsvolle, also Elitäre, ist dem
Populären gewichen. Da sollte man gar nicht die Nase
rümpfen, denn das ist ja ein Demokratisierungsprozeß! In
der Kultur haben wir praktisch die Diktatur des Proleta-
riats. Wer arbeitet, braucht Entspannung, nicht Kultur.
Das Kulturelle ist unter dem Diktat der Wirtschaftlich-
keit automatisch dem Volksempfinden angepaßt worden.
Und das sind wir selber schuld. Wir wollten ja, daß alle
mitreden. Jetzt reden alle mit, die Kultur richtet sich nach
der Masse, und wir sind auch wieder nicht zufrieden.

Gut, es gibt noch Museen und sowas. Noch! Aber da
gehen die Menschen vielleicht einmal im Jahr hin und
sind dann empört, daß sie nichts verstehen. Da bewun-
dere ich auch das Selbstbewußtsein der Menschen. Das

ist für mich, wie wenn man einmal im Jahr für zwei Stunden Italienisch lernt, dann nach Italien fährt und sich lauthals beschwert, daß die Arschlöcher nicht mal richtig Italienisch können. Wie dumm müßte eine Kunst sein, die jeder versteht, auch wenn er sich gar nicht drum kümmert? Aber wer hat schon Zeit, sich zu kümmern? Die meisten nicht. Und in der Demokratie sind die meisten nun mal die Mehrheit. Wollen Sie das ändern? Ich nicht.

Ich hab' mir dann im Wartezimmer, Sie erinnern sich, ich hab' mir da konsequenterweise die FREIZEIT-REVUE genommen und saß da, hatte bereits mehrere Artikel über Zellulitis, Gürtelrose und sonstiges hinter mich gebracht. Woran man alles sterben kann, erstaunlich, daß ich überhaupt so alt geworden bin. Dann diese ganzen Prominentenberichte: Lady Di und so. Für diese Zeitungen besteht ja ganz England nur aus Lady Di, Linksverkehr und Rinderwahnsinn, wobei ja meine Theorie ist, daß das alles irgendwie zusammenhängt.

Ich saß da, da wurde ich auch schon aufgerufen. Das ist dann die schlimmste Zeit eigentlich. Die Arzthelferin führte mich in so eine Kammer. Und die nächste halbe Stunde saß ich da mit nacktem Oberkörper in einem unterkühlten Raum, wo diese Krankenhausliegen drinstehen. Die sind dann so mit Plastik überzogen, so als wenn's einem der Arzt jetzt schon nicht mehr zutraut, daß man seine Säfte bei sich behält. In so einem Raum hat man ständig das Gefühl, man ist nicht zur Untersuchung da, sondern zur Obduktion.

An der Wand hängt meistens so ein Bild von einem gehäuteten Menschen. Auch Skelette sind sehr beliebt als Zeichnung an der Wand. Ich hab mich da natürlich gefragt: Wofür brauchen Ärzte diese Zeichnungen? Haben die nicht studiert? Müssen die da noch nachgucken? Ich war also sehr verunsichert, und da kam er auch schon rein. Völlig verändert, er sah aus wie 30. Ich dachte erst: Wow, die moderne Medizin, das ist ja sagenhaft. Er war es aber gar nicht, sondern seine Urlaubsvertretung, so ein Sascha-Hehn-Verschnitt, wie in dieser Fernsehserie „Dr. Märtin, der Veterinär unter den Gynäkologen", oder wie das da heißt. So dieser Typ von Arzt, der seine Patienten für Hindernisse auf dem Weg zum Golfplatz hält. Das klingt zwar klischeehaft, entspricht aber erstaunlich oft der Realität.

Jedenfalls, er sah mich an, redete ein paar unverständliche Worte zur Arzthelferin und entschwand, wie er gekommen war. Verstanden hab' ich nur irgendwas mit Erkältung, klar nach der halben Stunde in der Kühlkammer, und daß ich wiederkommen sollte, auch wenn ich mich absolut gesund fühlen würde, drei, vier Monate Bestrahlung müßten schon sein. Das würde nichts schaden, sagte er wörtlich! Das glaube ich ihm dann auch. Wenn er das sagt. Soviel Vertrauen muß man haben, das schadet dann auch nicht, hilft auch nichts. Schadet aber auch nichts.

TECHNOLOGISIERUNG.
Wo ist meine Karte?

Ich habe dann den Arzt gewechselt. Und der Neue war ganz anders. Im Wartezimmer die Zeitschrift CAPITAL. Das ist wenigstens ehrlich. Und die ganze Praxis besteht praktisch nur aus Elektronik, Computern, Bildschirmen. Das ist wie in der BMW-Werkstatt: Computerdiagnose. Man wird überall mal angeschlossen, und am Ende spuckt der Drucker an der Rezeption das Rezept aus.

Also, ich muß sagen: Das imponiert mir, das Innovative. Was vielleicht nicht so toll ist, ist, daß man ohne Karte jetzt gar nichts mehr machen kann. Selbst beim Arzt läuft ohne Krankenkarte gar nichts mehr. Wenn Sie da mal mit rausquellendem Darm eingeliefert werden ohne Krankenkarte, dann muß der Arzt sagen: „Tut uns leid, auch wenn's wehtut, das tun wir wieder rein, und dann gehen Sie erst mal Ihre Karte holen."

Überall braucht man Chipkarten, von der Krankenkarte bis zur Stadtbücherei, beim CD-Verleih. Wenn ich aus dem Haus gehe, habe ich immer so ein Köfferchen mit

Plastikkarten dabei. Key-Card vom Autoradio, die Kundenkarte von Ikea, wahrscheinlich kriegt man bald bei Aldi eine Weichkäse-und-Zahnpasta-Berechtigungskarte, natürlich auch mit Geheimzahl.

Alles nur noch mit Geheimzahl. Es gibt ja kaum noch was, wo ich ohne Geheimzahl drankomme. Bald wird mich schon morgens die elektrische Zahnbürste nach der vierstelligen Zugriffsberechtigung fragen. Und dann darf man die aber nicht verwechseln, weil wenn man die Geheimzahl dreimal falsch eingibt, erscheint ja im Display so ein kleiner Revolver, und dann wird man erschossen.

Neulich wollte ich die Zahlenkombination von meinem Tourneekoffer auf die PIN-Nummer meiner Kreditkarte ändern, hatte aber die Ersatznummer meiner verlorenen Scheckkarte mit der Miles&More-Geheimzahl verwechselt. Ich hatte halt in Erinnerung, die wäre identisch mit meiner Fernabfrage-Geheimnummer, aber das war der Safety-Code vom Handy, ist ja auch egal.

Ich wollte dann die PIN-Nummern im Computer nachgucken, wo ich die notiert habe, aber in den Computer bin ich dann auch gar nicht mehr reingekommen, weil ich in der Aufregung das Paßwort vergessen hatte, und meine Nachbarn haben mich dann mit einer leeren Flasche Grappa in der Hand durch die Vorgärten irren sehen und mich erst mal ins Bett gebracht. Nach zwei Tagen konnte ich wieder feste Nahrung zu mir nehmen. Also halb so wild.

TECHNOLOGISIERUNG UND ÖKOLOGIE.
Kann man mit Gutsein Handel treiben?

Sicher, die Technik kostet dann auch schon mal Nerven, aber grundsätzlich sehen viele die Technik überzogen kritisch. Auch was die Folgen der Technologisierung angeht für die Umwelt, die Natur und so weiter. Sicher, in den letzten Jahren sind ein paar Millionen Tier- und Pflanzenarten ausgestorben, aber immerhin sind seit meiner Kindheit auch Kiwis, grüner Spargel und Broccoli dazugekommen.

Und mit der Gentechnik zum Beispiel wird das noch mehr. Gerade jetzt arbeiten Genwissenschaftler an einer Tomate mit Geschmack. Das muß was völlig Neuartiges sein. Allerdings hab' ich nicht allzuviel Hoffnung. Ich glaube, es ist ein Holländer, der daran arbeitet.

Aber egal, gerade auch bei der Gentechnik, da sind viele Leute viel zu ängstlich. Was passiert denn schon bei der Gentechnik? Da wird, wie bei jeder Züchtung, die DNS verändert, bloß eben gezielt.

Die DNS, das ist in der Zelle so eine Art Korkenzieher mit Erbinformationen drauf. Also wenn zum Beispiel auf dieser DNS an einer ganz bestimmten Stelle ein ganz bestimmtes Gen ist, dann kann das heißen: Der Mann wird, sagen wir mal, Installateur.

Und da greift jetzt der Gentechnologe ein, nimmt hier was raus, setzt da was ein. Und wenn alles fertig ist, dann haben wir einen sogenannten „transgenen" Installateur, der ist dann zum Beispiel Heizungs- und Sanitärtechniker geworden. Und er hat vielleicht sogar zusätzliche positive Eigenschaften. Der Mann ist dann resistent gegen Borkenkäfer und Pilzbefall, und er enthält 40 Prozent mehr Proteine und ist deshalb auch zum Einsatz in der Rinderzucht geeignet. Was kann man dagegen haben?

Gut, die Umweltschützer, die sagen da: „Moment mal! Wenn jetzt über gentechnisch veränderte Nahrungsmittel Fremdgene in die Natur, also auch in unseren Körper gelangen, was ist dann?" Ja, was ist dann? Was soll da passieren? Ich muß Ihnen an dieser Stelle sagen: Ich esse Nahrungsmittel, ich paare mich nicht mit ihnen. Wenn ich einen Apfel esse, werfe ich ja auch nicht im Herbst die Blätter ab.

Was ich schlimm finde, ist, daß wir immer verschlungenere Wege beschreiten, wenn es darum geht, die Welt zu perfektionieren. Dabei vergessen die Menschen, daß das Paradies, auf das wir da hinarbeiten, daß dieses Paradies für jeden Menschen anders aussieht. Ich habe mich neulich mal mit einem genau darüber unterhalten, und zwar mit einem Straßenfeger. Der stand da bei uns vor der Haustür in seinem orangefarbenen Kittel mit Besen und so, und da hab' ich ihn gefragt, wie er sich das Paradies vorstellt, und er hat gesagt: „Das Paradies ist der Ort, wo die Hunde bei der Straßenreinigung arbeiten und ich darf auf den Gehsteig kacken."

Das entspricht jetzt nicht unbedingt meiner Vorstellung. Aber so ist das eben: Es gibt nicht das Paradies. Denn das Vollkommene, das Schöne kann nur deshalb als vollkommen und schön erkannt werden, weil wir auch das Unvollkommene, Häßliche kennen. Die Natur zum Beispiel ist schön, aber auch die Schädlinge gehören dazu, das muß man akzeptieren.

Und das ist manchmal gar nicht einfach. Ich habe nämlich auch einen kleinen Garten. Ein Baum steht da, ein Apfelbaum, der blüht so schön, aber im Herbst sind in den Äpfeln immer diese kleinen, häßlichen, gefräßigen, fiesen, charakterlosen, vernichtungswürdigen Würmer. Apfelwickler heißen die, da muß ich mir auch als alter Öko sagen: Bleib' ganz ruhig, die gehören zum ökologischen Gleichgewicht dazu.

Aber ich frage mich natürlich auch: Wo ist da Gleichgewicht, wenn da überall Apfelwickler sind? So ein Apfelwickler kommt ja nicht einfach mal so zu Besuch, frißt ein Blättchen und geht wieder nach Hause. Ne, der bringt gleich jede Menge Freunde mit, und dann ist aber Party angesagt. Soll ich denen vielleicht einzeln den Hals umdrehen? Bei diesen Würmern weiß man ja gar nicht, wo der Hals ist. Die Viecher bestehen ja praktisch nur aus Hals.

Blattläuse, auch so ein Fall. Früher hab' ich die einzeln aus der Yucca-Palme geholt und dann im Schuhkarton gewaltfrei in den Nachbargarten umgesiedelt. Haben Sie übrigens auch Yucca-Palmen? Das war auch so eine Erfindung aus meiner Jugendzeit, in den Siebzigern. Plötzlich stand in jedem Wohnzimmer so ein brauner Stock mit fünf Blättern oben dran. Völlig wahnsinnig!

Naja, jedenfalls Blattläuse, also ... Ich versuche es natürlich streng ökologisch. Ich nenne das immer ökologische Euthanasie. Ich hab' da so einen Brennesselsud gemacht, das hatte ich aus meinem Ökokalender, daß das irgendwie helfen würde, aber das können Sie vergessen. Jedesmal, wenn ich in den Garten kam, war da so ein meckerndes Geräusch. Das waren die Blattläuse, die haben mich ausgelacht. Und gestunken hat das Zeug, daß ich wochenlang nur mit Frischluftspray in den Garten konnte.

Da beneide ich manchmal so einen durchschnittlichen deutschen Kleingärtner. Der schmeißt da eimerweise das Unkrautvernichtungsmittel raus. Wir haben bei uns nebenan ein Kleingartengelände, das ist derart verseucht, wenn das Gelände mal verkauft wird, da können sie höchstens noch eine Tankstelle draufsetzen. Ich glaube, da besteht Explosionsgefahr. Da dürfen Sie im Freien nicht mal rauchen. Die gehen zum Rauchen rein! Gegen einen deutschen Hobbygärtner herrscht bei Hoechst ökologischer Fundamentalismus. Das ist ja das Dilemma, wenn Sie gesund leben wollen. Erst mal nimmt man über die Atemluft ein Pfund Benzol zu sich, dann noch über die Nahrungskette Hormone und Schwermetalle, ein bißchen Alkohol, vielleicht übers Rauchen noch paar Nervengifte, aber der Apfel muß aus biologischem Anbau sein.

Das ist für mich die moderne Form des Ablaßhandels. Wenn man dran glaubt, hilft es der Seele. Ich kenne auch Leute, die aus Umweltgründen aufs Auto verzichten, aber jedes Jahr mit dem Rucksack nach Neuseeland fliegen. Dabei könnten die, abgastechnisch gerechnet, für einen Flug nach Neuseeland den Rest des Jahres mit dem 40Tonner zur Arbeit fahren. Für einen Flug hin und zurück über 20 000 Kilometer kann man ökobilanzmäßig vier Jahre Auto fahren.

Und das Auto ist ja gar nicht der schlimmste Umweltschädling. Ganz schlimm ist ja – das hab' ich auch nicht gewußt, aber es ist so – die Rinderzucht. Wußten Sie – und das ist kein Scherz – wußten Sie, daß eine Kuh in der Rinderzucht über die Verdauung 30mal so viele Ozonkillergase erzeugt wie ein Auto? Das ist so! Und wenn man dann noch bedenkt, wie viele Rindviecher am Steuer sitzen! Da kann man ja schon fast wieder mit dem Auto fahren, nach Neuseeland fliegen und läßt einfach die Ochsenschwanzsuppe weg.

Es ist ein bißchen schwer zu entscheiden, was noch politische Korrektheit ist, und wo schon der Wahnsinn beginnt. Ich kenne Leute, die auf der Landstraße jedem Igel ausweichen und dabei ganze Wandergruppen auseinandersprengen. Da weiß man oft nicht mehr, ob das so richtig ist. Das sind dann aber auch die ganz harten Naturfreaks, die selbst ihren Blumenkasten noch mit Kuhmist düngen und sich dann wundern, daß die Primeln so beschissen aussehen. Die lehnen dann auch die Schulmedizin ab und gehen nur zum Homöopathen. Ich meine, das finde ich ja auch gut, ich gehe ja selbst auch zum Homöopathen, aber doch nicht immer und dogmatisch. Nach einem Auffahrunfall mit Schleudertrauma und Wirbelbruch, da brauche ich nicht unbedingt eine Bachblütentherapie.

Die Menschen sind oft in einzelnen Bereichen so prinzipiell, und woanders ist ihnen alles egal. Die kaufen das Brot beim Biobäcker und trinken dazu den französischen Landwein für 4,95 die Flasche. Da kann man sich ja gleich die Kellergeister in die Birne hauen. Aber so ist das halt. Für zweimal Busfahren darf ich dann wieder achtmal mit dem Auto. Das ist ein bißchen wie beim Beichten. Die Zahl der Gebete wächst zwar auch mit der Schwere der Sünde, aber am Ende sind 30 Vaterunser für einen im Wald deponierten Kühlschrank immer noch relativ preiswert.

Und es soll ja auch nichts bringen in dem Sinne. Man will ja nur ein gutes Gefühl haben. Und wenn man gar nicht mehr weiterweiß, dann wird der Dauerauftrag an Greenpeace um fünfzig Mark erhöht, dann hat man wieder fünf Jahre den Kopf frei. Eigentlich blöd, aber ich mach's ja selber auch nicht anders.

FEUDALISIERUNG DER GESELLSCHAFT.
Bin ich Ludwig XVI.?

Zumal diese ganze Ökohysterie, mit der ich aufgewachsen bin, ist ja auch nicht mehr zeitgemäß. Ich glaube, bevor uns die Ökokatastrophe umbringt, haben das längst schon andere erledigt. Wir stehen schließlich kurz vor der Revolution. Das überrascht Sie jetzt vielleicht, aber das ist so. Gut, man nennt das heute natürlich nicht mehr Revolution, sondern eben „bewaffneter Konflikt" oder so ähnlich. Aber die Sache bleibt die gleiche.

Die Revolution wird kommen, denn die Situation heute ist ja identisch mit der in Frankreich 1789. Draußen die verelendeten Bauern, also heute die sogenannte „dritte Welt", und hier der Adel, also die Industrienationen, die auf die Klagen des Volkes erwidern: „Ouh, können wir nix machen. Geben können wir nix, weil wir selber kein Geld haben, alles wird teurer, die Miete, Benzin, Fitneßstudio, also da gibt es nichts mehr zu verteilen. Und selbst wenn wir was geben wollten, wir kommen ja gar nicht dran. Ist ja alles fest angelegt in Luxemburg. Da ist nichts zu machen."

Wie sagte der Adel in Frankreich früher so schön: Wenn das Volk kein Brot hat, dann soll es eben Torte essen. Dieser Gedanke ist ja praktisch zur Grundlage der modernen Wirtschaftspolitik geworden. Da wundere ich mich oft, daß diese Menschen aus den Entwicklungsländern einfach friedlich zu uns kommen und um Asyl bitten, anstatt uns, wie das historisch immer so üblich war, gepflegt den Hintern aufzureißen.

Aber das kommt noch. Da bin ich mir ganz sicher. Denn der einzige Unterschied zwischen heute und der Zeit der französischen Revolution ist ja, daß der französische Adel damals niemals so dämlich gewesen wäre, den aufgebrachten Bauern auch noch Waffen zu verkaufen. Das ist dann heute schon eine historisch einmalige Dummheit.

Da kommt noch was auf uns zu. Man merkt es ja heute schon. Die Armut wird zunehmend störend, weil sie immer näher kommt. Man erlebt es doch ständig. Da will man mal richtig schön einkaufen gehen, und dann liegen vor den schönsten Geschäften immer die furchtbarsten Obdachlosen mit ihren Pappdeckelchen: „Neu, jetzt nur noch ein Fuß!"

Das ist nicht schön. Man denkt immer, man kann da einfach dran vorbeigehen, passiert ja nichts, das stimmt ja auch – in dem Moment. Aber historisch gesehen ist das ziemlich naiv. Man sollte wahrscheinlich gar nicht mehr so viel an die Zukunft denken, lieber mal die Gegenwart genießen, den lieben Gott mal einen guten Mann sein lassen, sich auch mal ein bißchen Ruhe gönnen, auch mal in Ruhe eine Pause machen. Ich halt mich dran. Wir sehen uns nachher.

Pause: Über den Autor.
Was machen Sie eigentlich tagsüber?

Zur Überbrückung der Pause äußert sich der Autor im folgenden in eigener Sache.

Sehr geehrte(r) Leser(in),

bei meinen häufigen Kontakten mit den Mitbürgern im Publikum werden mir – und erstaunlicherweise geht es den meisten mir bekannten Kabarettisten genauso – immer die gleichen Fragen gestellt:

Können Sie davon leben?

Was machen Sie eigentlich tagsüber?

Während sich die erste Fragestellung leicht mit „ja" beantworten läßt (Beweis: Tote schreiben keine Bücher), ist das zweite Problem komplexer und soll in der Folge ausführlich beantwortet werden. Der Zweck dieser Maßnahme ist leicht zu durchschauen: So kann ich den Menschen, die trotz allem in Zukunft o. a. Fragen stellen, statt einer Antwort einfach den Kauf dieses Buches nahelegen, eine sowohl seelisch als auch finanziell interessante Wendung des Geschicks ...

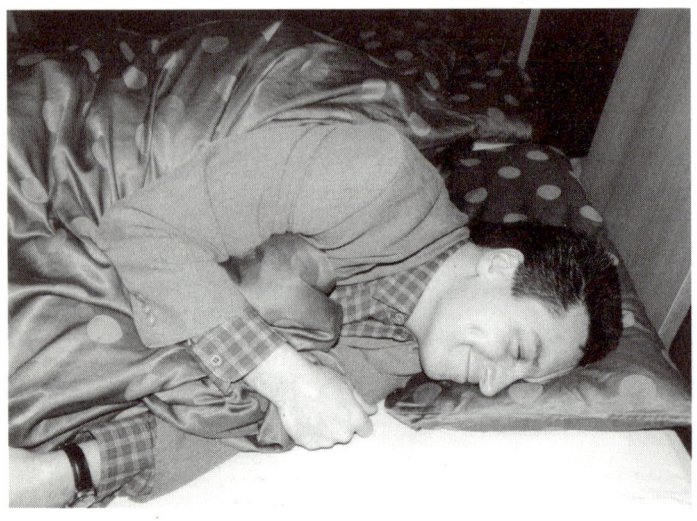

Nachtschlafende Zeit: 10.00 Uhr MEZ. Der Kabarettist ist zufrieden mit der erreichten Schlafleistung und bereitet sich auf das Aufwachen vor. Eine optimale Nacht liegt hinter ihm: Kein Einschreiben hat ihn aus dem Schlaf gerissen, kein allzu zeitiger Anrufer muß im Verlauf des Tages aufgesucht und körperlich gezüchtigt werden.

Ein frohes Lied auf den Lippen, gönnt sich der Kabarettist eine Pause auf dem Weg zur Körperpflege. Bis heute können viele Menschen zwischen dreißig und vierzig an keiner Gitarre vorbeigehen, ohne einem manischen Zwang nachzugeben und das Lied „The House Of The Rising Sun" anzustimmen. Ein Defekt aus der alternativen Lagerfeuerperiode.

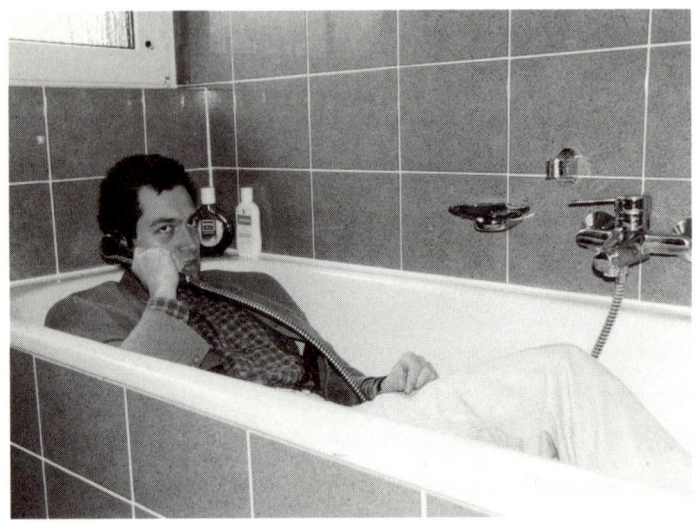

Körperpflege ist wichtig. Der Geruch verbessert sich, und Kleintiere werden in den Orkus der Geschichte gespült. Viele Kabarettisten vergessen allzu häufig, daß jede Form von Theater auch eine sinnliche Komponente beinhaltet, ein gepflegtes Erscheinen somit auch die Glaubwürdigkeit steigert.

Es gibt Frühstück, selbstverständlich, wie bei Kabarettisten üblich, als rein geistige Nahrung. Es folgen ca. 40 Tageszeitungen: FAZ, Trierischer Volksfreund, Kicker-Sportmagazin u. v. a. sowie geistige Gymnastik und Dehnung der Hirnzellen mit der Bild-Zeitung und Schöner Wohnen.

Am Ende will die Gage gewinnbringend angelegt sein. Auch ist es gut zu wissen, was der Klassenfeind so denkt.

Zum täglichen Leben gehört auch die pro-
fane Arbeit in Haus und Garten. Der Kabarettist der Ökogeneration verfolgt die Blattläuse furchtlos mit der bloßen Hand und versucht, die Schädlinge dann in persönlichen,
intensiven Gesprächen von der Schändlich-
keit ihres Tuns zu überzeugen. Erst wenn
alle guten Worte nicht mehr helfen, wird
die bleifreie Blattlausflinte eingesetzt.

Ein erheblicher Teil des täglichen Schaffens kon-
zentriert sich auf das artgerechte Sortieren und
Entsorgen des Abfalls. Alte Witze kommen in die
graue, Zoten in die braune und Kalauer in die
gelbe Tonne.

Alsdann wird eingekauft. Moderne Hypermärkte sorgen für eine zufriedenstellende Grundversorgung ohne großen Zeitverlust. Aber auch dort muß das Angebot vom kritischen Verbraucher genauestens sondiert werden.

Mit der kleinen Demo zwischendurch intendiert der Kabarettist die Anregung der anwesenden Endverbraucher zum kritischen Hinterfragen des Konsumangebotes. Nur stetes Anprangern führt zur Besserung des Massenbewußtseins. Ein Kabarettist ist eben immer im Dienst.

54

In der Sportab-
teilung kann man
sich über die Be-
waffnungspraxis
junger Randalierer
informieren. Auch
wenn der hölzerne
Meinungsmacher
gut in der Hand
liegt, die Zeit des
Verständnisses für
gewaltsame Ausbrüche jugendlicher Aggression ist vorbei, zumal die ideologische Grundlage bei jungen Menschen häufig mehr als dürftig ist. Als alter, erfahrener Bürger hat der Kabarettist gelernt, daß Gewalt nicht weiter-
führt. Am Ende der Kette steht allzu oft der Umsturz, und
die Sparbuchzinsen sinken.

Viele moderne Einkaufszentren bieten den Menschen
Einkehr und Gelegenheit zu Meditation und Entspannung
vom täglichen Streß, indem sie attraktive Angebote im
Bereich der Erlebnisgastronomie bereitstellen. Ein ange-
nehmes Ambiente öffnet Horizonte für neue Einfälle.

Geheimzahl vergessen! Häufig wird bei Kabarettisten das sprachliche Talent durch eine erstaunliche Schwäche im Bereich der Ziffern konterkariert, ein Defizit, das sich nur durch häufiges Zählen der Gage überwinden läßt.

Der sich dem Einkauf anschließende Büroalltag zehrt nicht nur an den Nerven, sondern auch an den Zähnen. Untersuchungen in ferner Zukunft werden zeigen, ob sich auch das gefährliche Ohrmuschelkarzinom durch häufiges Telefonieren bei Kabarettisten statistisch belegen läßt.

Dreimal täg-
lich je drei Sau-
nagänge halten
jung und sind
gut für die Belüftung des Hinterkopfes. Während die Hypo-
physe pumpt, sorgt das Rückenmark durch rege Pointen-
konstruktion für die nötige Produktivität. Leider sind meistens alle Gedanken am Ende des Saunaganges wieder
ausgeschwitzt und dadurch unbrauchbar geworden. Die
Arbeit beginnt von vorn. Merke: Trockener Humor und
Schweiß passen nicht zusammen.

Neuer Text wird in binärer Form auf die Festplatte gemeißelt, ein Vorgang, dessen Schönheit sich aus der Kombination archaischer Kreativität mit digitaler Präzision ableitet.

Der tägliche Systemabsturz fördert kör-
perliche Fitneß und einen widerstandsfähi-
gen Kreislauf durch regelmäßige Adrenalin-
Absorption. Das Hardware-Kabel-Puzzle
bringt auch den Power-User auf mindestens
200 Megahertz.

Der Abschied von Heim und Herd ist oft nur gegen den erbitterten Widerstand der Angehörigen möglich. Nur beidhändiges Vom-Zaun-Abdrücken schafft die nötige Abstoßungskraft gegen das von der Gattin zwecks Anbindung erzeugte Vakuum. Der Kampf ist bald entschieden: Missionare zieht es in die Ferne.

Vogelkot kann einem die ganze Tournee versauen.

Wieder daheim. Das lose Mundwerk wird gereinigt. Wieder sind einige Nörgeleien in den Zahnzwischenräumen hängengeblieben. Üble Nachreden haben zudem einen bitteren Geschmack im Rachenraum hinterlassen, und eine hartnäckige Beleidigung bildet als Zahnbelag gefährliche Taschen am Zahnfleischsaum. Hier hilft nur intensives Schmirgeln, damit der Kabarettist auch morgen noch kraftvoll zubeißen kann.

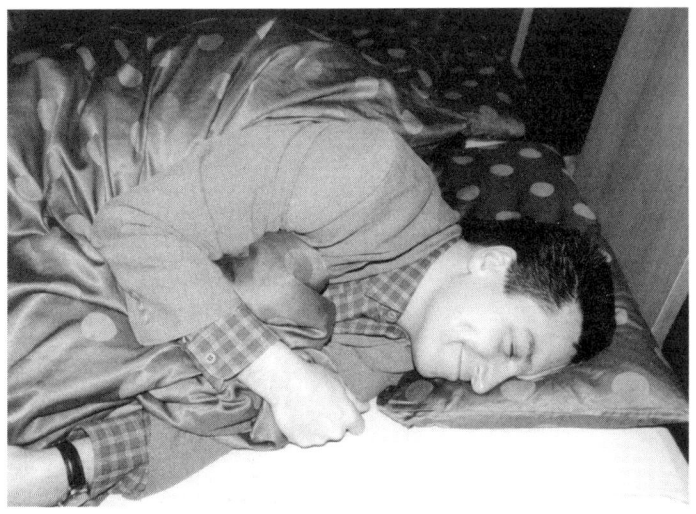

Der Schlaf senkt sich auf Deutschland nieder. Die Gesichtszüge des Kabarettisten entgleisen in die Nacht. Ein lähmungsartiges Grinsen bleibt zurück. Ob das die Krankenkasse als Berufskrankheit anerkennt? Wer weiß.

2. Teil: Analyse, Handlungsperspektiven, Erkenntnisgrenzen.
Wo geht's raus?

MORAL UND HYGIENE (PHYSISCH, PSYCHISCH, POLITISCH).
Gab es jemals keimfreie Zeiten?

Hallo, da bin ich wieder. Ich sollte vielleicht an dieser Stelle mal zusammenfassen, was im ersten Teil behandelt wurde. Ich hab' ja im ersten Teil verschiedene Problemkreise angesprochen, Nord-Süd-Konflikt, ökologische und technologische Entwicklung im Zusammenhang mit der pädagogischen Misere, und ich möchte den zweiten Teil beginnen, indem ich die alle Probleme umfassende Frage stelle: Worum geht's überhaupt?

Wo ist der zentrale Widerspruch? Der zentrale Widerspruch ist für mich: Einerseits leben wir in einem der reichsten Länder der Erde. Auf der anderen Seite sind alle immer nur am Jammern. Und da fragt man sich doch: Was ist da eigentlich los, wer ist schuld daran, und wenn man weiß, wer es ist, warum haut man dem nicht einfach mal so richtig auf die ... aber wem? Und wer soll's machen? Die UNO, Greenpeace oder Ulrich Wickert?

Man weiß es nicht. Aber das wünschen sich ja wieder viele momentan, daß mal einer moralisch aufräumt, weil wir im Moment diesen Verfall der Sitten erleben. Da sind sich alle einig, wobei ja die Älteren immer glauben, daß gerade die Sitten verfallen, aber ich komm' halt langsam in das Alter, wo ich das auch glaube.

Stimmt ja auch. Man kann ja nachts gar nicht mehr aus dem Haus, überall Finstermänner, die einem das Handtäschchen rauben wollen. Die Nächstenliebe schwindet. Früher waren die Menschen einfach anständiger. Da wurde man nicht ständig überfallen. Gut, vielleicht mal ins Lager deportiert, aber überfallen? Weniger.

Heute sind ja überall Gauner und Kriminelle. Ich meine, wen wundert's? Das liegt natürlich an der freien Marktwirtschaft, denn Ziel des freien Handels ist es, dem anderen für möglichst wenig Gegenleistung möglichst viel Geld aus der Tasche zu ziehen. Und da ist der Übergang zur Kriminalität praktisch eine konsequente Weiterentwicklung.

Und da fragt sich der Bürger, wo eigentlich die Moral geblieben ist in dieser Zeit, Kant, der kategorische Imperativ: „Handle so, daß die Maxime deines Willens jederzeit zugleich als Prinzip einer allgemeinen Gesetzgebung gelten könnte." Also, Sie wissen, was ich meine: „Was du nicht willst, das man dir tu', das füg' auch keinem andern zu!" Ja, dieser kategorische Imperativ ist heute zum Klospruch verkommen: „Verlassen Sie diesen Ort so, wie Sie ihn vorzufinden wünschen!"

Und nicht mal daran hält sich einer. Wenn ich zum Beispiel auf der Tournee am Bahnhof aufs Klo muß, das sind zum Teil unglaubliche Zustände.

In Nürnberg zum Beispiel ist es ganz schlimm. Das Bahnhofsklo in Nürnberg ist derart grauenhaft; also wenn Sie in Nürnberg am Bahnhof aufs Klo müssen – fahren Sie nach Fürth! Ich glaube, daß die deshalb überhaupt damals die erste deutsche Bahnstrecke gebaut haben. Die hatten damals erst mal den Bahnhof gebaut, und dann haben sie sich überlegt: Wie kommen wir hier am schnellsten weg?

Das ist wirklich so furchtbar in Nürnberg. Da gehen ja selbst die Ratten nicht mehr aufs Bahnhofsklo, weil sie sich ekeln. Wer sich da hinsetzt und überlebt, den kann auch die Pest nicht mehr erschüttern, der verhungert höchstens, weil er klebenbleibt. Ich denke immer, wenn uns irgendwann mal Außerirdische besuchen, und die geraten aus irgendeinem Grund auf dieses Bahnhofsklo; selbst wenn die mit friedlichen Absichten gekommen sind, wenn sie auch nur einen Funken Intelligenz besitzen, werden sie uns aus hygienischen Gründen vernichten wollen.

Wobei ich auch das andere Extrem schlimm finde. Wenn Sie bei uns in Düsseldorf in so einem Nobelkaufhaus auf die Kundentoilette gehen, da sind selbst die Urinale vom

Designer. Also Urinale, das sind diese Pißbecken. Bloß, wenn die vom Designer kommen, dann heißen die Urinale, das klingt einfach künstlerischer, so ein bißchen wie Biennale. Und diese Urinale, die sehen aus, das ist eine Formschönheit, das sieht mit diesen bunten Klosteinen aus wie ein exotischer Cocktail, bloß den Strohhalm muß man noch selber rein halten. In so ein Pißbecken, da kann ich gar nicht reinpinkeln, da stell' ich mich lieber ans Waschbecken.

Obwohl es besser ist als so ein Bahnhofsklo wie in Nürnberg. Ekelhaft. Da steht wirklich so ein Schild dran: „Verlassen Sie diesen Ort so, wie Sie ihn vorzufinden wünschen!" Ja, was soll ich denn da machen? Soll ich da nach dem Pinkeln erst mal neue Fliesen legen? Bin ich verantwortlich dafür, daß sich die anderen wie die Schweine benehmen? Nein. Und das sagen eben alle. Dabei haben sich vielleicht 99 Prozent anständig benommen, aber man sieht ja nur den einen, der wieder nicht getroffen hat. Das ist der subjektive Moralverfall.

Von 100 Taxifahrern bringen einen 99 auf dem schnellsten Weg zum Ziel. Naja gut, sagen wir 97, und woran erinnert man sich? An die drei, die einen fünfmal um den Block gefahren haben. Und was denkt man? „Ouh! Bei Taxifahrern aufpassen! Das sind alles Betrüger!" Das ist der subjektive Moralverfall.

Und dann schreit man eben nach Moral. Wo sind die Maßstäbe geblieben, an die sich jeder hält? Wo bleibt der Retter? Wer kann uns aus dieser Morallosigkeit erlösen? Wo ist er, der Erlöser, wer kann das ein? Jesus, Buddha, Derrick?

So einen bräuchten wir. Der Deutsche will ja gar keinen Führer oder einen starken Mann, das ist längst vorbei, nein, so einen wie Derrick wollen die Leute. Der ist irgendwie so vertrauenerweckend, allein diese Stimme: „Harry, du bleibst hier." Der Blick weich, aber entschlossen. Das liegt wahrscheinlich daran, daß ihm die Augen so komisch rausstehen. Man denkt ja immer: Gleich fallen ihm die Augäpfel raus. Der sieht ja aus, als wenn er im zweiten Dienstjahr mal eine Kugel in den Hinterkopf bekommen hätte.

Er imponiert ja nicht durch gleißende Schönheit oder stählernen Körperbau. Was man an ihm bewundert, ist mehr so innerlich, dieses alle Grenzen überschreitende Mittelmaß, diese fleischgewordene Ereignislosigkeit; er ist ja praktisch ein zum Leben erweckter Ärmelschoner. Und trotzdem ist er am Ende immer der Sieger. Und gerade das ist das Schöne: der ewige Sieg des Guten über die Mächte des Bösen – und das ohne Flecken im Anzug. Das sind Utopien heute. Das ist schon schön für die Menschen, vor allen Dingen in diesen Zeiten der Haltlosigkeit.

FREIHEIT.
Wer ist eigentlich hier der Gleicheste?

Wobei man auch mal fragen muß: Ist diese Haltlosigkeit, die wir heute erleben, nicht vielleicht sogar in Ordnung? Daß einfach jeder macht, was er will – ist das nicht
die Freiheit, die wir uns immer gewünscht haben? Frei
sein von allen Zwängen, mal was tun, was andere nicht
tun? Fahr' ich heute halt mal auf der Gegenspur nach
Hause, ist doch egal, ist doch ein freies Land hier!

Fahre ich halt auf der Gegenspur, bis ich im Radio
komme! Frei sein und berühmt! Das will doch jeder mal!
Daß die ganze Welt mal nur auf ihn blickt, daß die ganze
Welt mal nur ihm zuhört, auch wenn er gar nichts zu
sagen hat. Ist doch egal. Dann redet er halt bei Ilona Chri-
sten über seinen Juckreiz im Intimbereich. Ist doch
wurscht. Darauf warten täglich Millionen Zuschauer, daß
irgendein Depp über seinen Juckreiz im Intimbereich
berichtet. Heute kann man mit einem Juckreiz Millionen
ansprechen, das ist ein echter Trost, vor allem für Aller-
giker. Mit einem Jucken berühmt werden, das ist es. Gut,
Rubens konnte besser malen als ich, aber ich kann besser
jucken.

Das ist wahre Demokratie, daß nicht mehr nur über
Berühmte berichtet wird, sondern über jeden Blödmann.
Das ist Gleichheit, wenn die Vorbilder genauso deppert

sind wie die, die ihnen nacheifern. Jeder kann reich und berühmt werden, ob er nun Arien singt oder als Boxer beruflich Fressen poliert. Alles Showbiz. Sogar der Bundestag ist doch eigentlich bloß eine altertümliche Form der Talk-Show. Alles Showbiz. Das ist doch Demokratie, wenn der Bundeskanzler weniger verdient als manch einer, der ihn parodiert. Das ist Gleichheit. Jeder kann und alles geht.

Das ist Freiheit, aber trotzdem: In dieser Dialektik von Freiheit und Moralverfall, da beklagen die Leute lieber den Moralverfall, als sich über die gewonnene Freiheit zu freuen.

POLITIK.
Können Politiker gute Onkels sein?

Und Sie fragen: „Wer ist schuld daran?" Die Schuldigen sind natürlich auch schon gefunden: Das sind die Politiker, die sind heutzutage an allem schuld. Der Politiker hat als Feindbild den Kommunismus abgelöst. Politiker, die kommen in der sozialen Skala zwischen Strauchdieb und Kinderschänder. Das ist nicht richtig.

Ich sag' Ihnen, irgendwann wird das gar keiner mehr machen wollen, sich für die paar Mark den ganzen Tag bespucken zu lassen. Stellen Sie sich vor, Ihr Kind muß im Kindergarten auf die Frage „Was ist denn dein Vater

von Beruf?" antworten: „Politiker." Mit dem Kind will
doch keiner mehr spielen. Das Kind ist sozial erledigt, klar,
daß das Kind verbittert werden muß und rumschreit:
Wenn ihr nicht mit mir spielt, dann streicht euch mein
Papi die Zuschüsse für die Spielplätze. Und am Ende wird
das Kind dann selber wieder Politiker, bloß um sich zu
rächen. Man sieht ja an den Strauß-Kindern, was aus so
was werden kann. Das ist bitter.

Ich frage mich sowieso: Wenn die Menschen so unzu-
frieden sind mit ihren Politikern, warum engagieren sie
sich nicht selber mal politisch? Aber das wäre dann wahrscheinlich schon wieder zuviel verlangt. Mit den Politikern
ist es ja wie mit den Beamten: Alle beneiden sie um ihre
Privilegien, aber machen will es dann doch lieber keiner.
Aus moralischen Gründen wahrscheinlich. Versiche-
rungsbetrüger oder Steuerhinterzieher, mal ganz ehrlich,
das sind doch Leute wie du und ich, aber Beamte und Politiker! Das sind für den Bürger praktisch die Streptokokken
im Volkskörper. Das ist nicht richtig.

Und dann sagen viele auch noch, die Politiker bekämen
viel zu hohe Diäten. So ein Quatsch! Für das Geld hebt
doch in der freien Wirtschaft keiner mehr den Hintern
aus dem Bett. Da ist es doch kein Wunder, daß der Bundestag zum Sammelbecken für Beamte geworden ist, ein
Ausguß der Lehrerschwemme.

Da hängen sie dann ohnmächtig in der Kantine, ernähren sich von Underberg und Fernet Branca, vom Fraktionszwang gebeutelt, vom Wahlkreis gedemütigt und fragen sich zu Recht: „Warum sind immer wir die Prügelknaben? Was können wir denn als Politiker für die ganzen Schicksalsschläge der letzten Jahre? Beispiel Agrarpolitik: der Rinderwahnsinn zum Beispiel ist doch nicht im Bundestag ausgebrochen." Zumindest hat es bis heute niemand nachweisen können. Und ohne Beweise kann man nichts machen.

Und schon deshalb sollte der Politiker nicht mehr Feindbild sein. Deshalb gibt's ja auch kaum noch politisches Kabarett, denn warum soll man auf Leuten rumhacken, die eh schon ganz unten sind, wo eh schon alle rufen: „Kreuzigt sie!" Da muß man doch als aufgeklärter Mensch dagegenhalten und sagen: „Kreuzigen? Moment mal, das ist doch kein moderner Strafvollzug. Das dauert viel zu lang."

MOBILITÄT UND AUSLÄNDERFREUNDLICHKEIT.
Sind Bundesbahnzüge Folterinstrumente?

Ich meine, die armen Schweine sind genug gestraft — wer sich eine solche Arbeit macht und dann noch derart mit Mißachtung gestraft wird. Dann sind sie nie zu Hause, durch diese ewigen Reisen zwischen Wahlkreis, Parlament, Bonn, Berlin und so weiter ... Und ich weiß wirklich von der Tournee her, wie schrecklich das sein kann, dieses ewige Unterwegssein. Ein schlauer Mann hat mal gesagt: „Alles Unglück der Menschen rührt davon her, daß sie nicht in Ruhe in ihrem Zimmer bleiben können." Pascal, 18. Jahrhundert, das muß man sich vorstellen: zweihundert Jahre vor Gründung der Deutschen Bahn AG. Ein Genie!

Allein schon, wenn man sich in der Bahn ernähren muß, das kann grausam sein; wenn man da im Speisewagen sitzt, für den Kellner ist man eh bloß ein lästiger Parasit, Brot ist keines mehr da, dafür ist das Bier warm, und wenn man dann mal in Ruhe seine Zeitung ausbreiten will, dann kommt garantiert irgend so ein Langeweiler und stellt diese grauenhafte und zynische Frage: „Ist hier noch frei?" Ich hatte mal einen Traum, da habe ich auf die Frage „Ist hier noch frei?" geantwortet: „Wenn's Ihnen nichts ausmacht, daß ich Lepra habe?" Dann hab' ich alle meine Finger einzeln auf dem Tisch verteilt. Und als sich der Mann übergeben hat, bin ich aufgewacht. Aber das wird wohl leider ein Traum bleiben. Schade eigentlich.

Das sind die Momente, wo man in einem deutschen Zug als Farbiger Vorteile hat. Da behält man selbst den Vierertisch immer für sich allein, selbst wenn der Rest des Wagens von einem Kegelclub aus Köln belegt ist. Singen, schunkeln ... So ein rheinischer Kegelclub ist ja in der Lage, einen ganzen Zug in eine derart stinkige Geselligkeit zu versetzen, da ist kein Entkommen. Die spucken dann auch immer so beim Singen, daß man denkt, wenn die jetzt durchsingen bis Koblenz, dann steht der ganze Zug bis zum Fenster unter Speichel.

Ich setze mich natürlich immer zu einem Ausländer an den Tisch. Das mach' ich grundsätzlich. Selbst wenn alle anderen Tische leer sind, da setz' ich mich zu dem Ausländer, da kenn' ich gar nichts. Ich werde doch nicht zum Ausländerfeind, bloß weil der Zug leer ist.

Es ist sowieso schon schwieriger geworden mit der Ausländerfreundlichkeit. Früher war alles klar, da waren die Rechten gegen die Türken. Und wir waren mit den Türken regelrecht befreundet, kannten den türkischen Wirt mit Vornamen. Ich personlich habe Türken auch immer angelächelt, wenn die mir in der Straßenbahn gegenüber saßen, immer gelächelt, gelächelt, gelächelt ... Die haben mich wahrscheinlich für völlig debil gehalten, aber ich hab' natürlich trotzdem immer weiter gelächelt, weil dieses Lächeln, das war ja in dem Sinne kein Lächeln, sondern ein politischer Akt der Humanität.

Aber heute weiß ich gar nicht mehr, wann ich lächeln muß, weil man ja nicht weiß, ist der Mann jetzt Türke oder ist er Kurde, und bei welchem von beiden muß ich jetzt lächeln? Das ist alles gar nicht mehr so einfach. Die Frage lautet heute nicht mehr: Bin ich ausländerfreundlich? Sondern: Welchen Ausländern gegenüber muß ich freundlich sein? Holländer zum Beispiel sind auch in der Linken als Feindbild völlig akzeptiert. Woran denken Sie, wenn Sie an Holländer denken? An Käse. Und sonst? An diese verdammten Campingwagen auf der Mittelspur. Das ist furchtbar, aber offensichtlich normal. Oder daß alle Polen klauen, das hat sich doch bis in die Harald-Schmidt-Show rumgesprochen.

Schwierig auch die Urlaubsfrage für den Ausländerfreund. Türkei geht nicht wegen der Kurden. Frankreich geht nicht wegen der Atomtests – obwohl das ja eigentlich schon längst wieder vergessen ist. Holland kann man keinem erzählen, Österreich sowieso nicht. Da hab' ich mir letztes Jahr überlegt, ich fahr' mal nach Dänemark, das ist neutral. Aber das war auch furchtbar: überall Lehrerehepaare mit Kindern. Den ganzen Tag Gespräche über Zeugniskonferenzen, Stundenpläne, Wandertage. Das hält doch keine Sau aus.

PÄDAGOGIK.
Kann man Kinder grillen?

Außer Hans-Peter, der war auch noch mit dabei, der hat sich da wohlgefühlt, klar, im Rudel mit seinen Artgenossen. Das war auch das letzte Mal, daß ich das gemacht habe. Dann hatte Lars auch noch Geburtstag. Ich wollte also meine blockierten Aggressionen überwinden, wollte ihm was schenken, ein Auto oder so was. Das war natürlich auch wieder falsch. Hans-Peter meinte gleich: „Ein Auto! Nein! Schon aus ökologischen Gründen!" Ich habe dann versucht, mich zu verteidigen, und habe gesagt, ich hätte ja nicht vollgetankt – aber Hans-Peter meinte auch, ich würde da viel zu sehr in geschlechtsspezifischen Kategorien denken. Da hab' ich mich geärgert, daß ich ihm keinen Panzer gekauft habe. Das hätte Hans-Peter umgehauen.

Inge hat dann auch zu ihm gesagt: „Laß doch." Aber da hat sich Inge gefälligst nach Hans-Peter zu richten. Nicht daß Hans-Peter nicht emanzipiert wäre, aber er ist halt mehr ein emanzipierter Patriarch. Früher war es halt so, daß die unterdrückte Frau in der Küche schuftete, aber bei Hans-Peter entfaltet sich die selbstbewußte Partnerin kreativ im digitalen Kochbereich.

Und bei geschlechtsspezifischer Erziehung kennt Hans-Peter keinen Spaß. Wobei gesagt werden muß, daß das früher ja auch ein echtes Problem war. Als wir erzogen wurden, da war es noch richtig schlimm, was das Geschlechtsspezifische angeht. Als ich klein war zum Beispiel, da hab' ich mir mal eine Barbie-Puppe zu Weihnachten gewünscht. Und da hat meine Großmutter meinen Eltern eine Szene gemacht. Nein, wenn der Junge mit Barbie-Puppen spielt, dann wird er am Ende homosexuell oder schlimmer noch – schwul. Und das schlimmste ist: Ich hab' die Barbie-Puppe nicht bekommen, schwul bin ich auch nicht geworden, jetzt fühlen die sich auch noch im Recht.

Ich habe Hans-Peter dann versucht zu erklären, daß jedes Kind gerne mit Autos spielt, das könne man dem Kind doch nicht verbieten. Hans-Peter meinte aber: „Doch, das kann man verbieten!" Das war insofern interessant, weil er ja sonst immer sagt: „Verbote schaden der Seele, ein Kind muß selbst entscheiden, ein Kind muß selbst erfahren, wo seine Grenzen sind." Da kann ich dann auch nur noch antworten: „Ja, Hans-Peter, wird schon stimmen. Ein Kind muß einmal selbst aus dem vierten Stock gefallen sein, um zu begreifen: Das mach' ich nicht noch mal. Und das stimmt ja dann auch in den meisten Fällen."

Ich persönlich bin ja der Meinung, daß man physische und seelische Schäden gegeneinander abwägen sollte. Wenn mein Kind auf den Herd klettern würde, würde ich nicht warten, bis es an der heißen Platte festklebt. Da würde ich auch mal ein Verbot aussprechen, seelische Schäden durchaus billigend in Kauf nehmend.

Aber bei Hans-Peter darf Lars erst mal alles, zumindest wenn sie nicht zu Hause sind, alles angrabbeln, alles ablecken. Hans-Peter sagt dann immer mit so einem leicht verblödet lächelnden Gesichtsausdruck: „Lars ist wieder auf Entdeckungsreise", und wenn er das sagt, dann ist die Katastrophe schon im Anzug. Und wenn man Lars gar nicht mehr hört, dann ist sie schon passiert. Dann hängt er wahrscheinlich schon wieder irgendwo mit der Zunge in der Steckdose.

Ich versuche dann immer, Hans-Peter ganz sensibel auf die mögliche Katastrophe hinzuweisen. Ich sage dann ganz vorsichtig zu ihm: „Hör mal, Hans-Peter", sag' ich dann, „wenn Lars meinen Abbeizer ganz leertrinkt, muß ich gleich noch rüber zum Baumarkt." Ouh! Dann ist er aber sauer. Warum ich nicht früher was gesagt hätte. Ja mein Gott, man will ja auch nicht geizig erscheinen, das Zeug kostet 4,95 die Flasche.

Kann ich dafür, daß das Kind alles in den Mund nimmt? Ich sag' ihm doch immer, daß man Kindern auch mal Respekt beibringen sollte vor Sachen, die ihnen nicht gehören.

Kinder brauchen Maßstäbe, schon weil ja, und das wird oft vergessen, auch Eltern ein Recht haben, nicht immer nur gequält zu werden, weil ja auch Eltern menschliche Wesen sind, gut, menschenähnliche, aber immerhin. Alle reden immer von Kinderrechten, was ist eigentlich mit Elternrechten? Lars schlägt seine Eltern. Oder Schlafentzug. Schlafentzug gilt bei Amnesty International als Folter, doch in der Erziehung ist das völlig normal.

Oder wer spricht von den seelischen Verletzungen eines jungen Vaters, der nach der Arbeit gezwungen wird, zum 20. Mal die gleiche Benjamin-Blümchen-Kassette anzuhören? Das ist für mich strukturelle Gewalt!

Ich meine, Fortpflanzung ist eine schöne Sache, aber müssen es denn immer gleich Kinder sein? Es gibt doch auch andere Formen, seinen Streicheltrieb zu befriedigen, Meerschweinchen, Goldhamster. Gut, die machen auch in die Ecken, aber das kann man mit dem Handfeger regeln. Kinder schmieren das ja immer gleich auch noch an die Tapete. Dafür haaren Kinder nicht so. Ich sag' das nur, damit Sie nicht sagen, ich würde nur das Negative sehen.

Ich bin ja gar nicht so. Ich will auch gar nicht in das allgemeine Geheul über die antiautoritäre Erziehung mit einstimmen. Nicht daß wir uns da falsch verstehen. Die antiautoritäre Erziehung wird ja indessen für jede Form von unsozialem Verhalten verantwortlich gemacht. So wie ja auch die 68er heute für den gesamten Verfall der Sitten verantwortlich gemacht werden. Das ist ja nun wirklich Quatsch!

Wenn mich unsoziales Verhalten ärgert, zum Beispiel im Supermarkt an der Käsetheke, wenn da wieder irgendeiner vordrängelt, das sind doch nie 68er oder ihre anarchistischen Kinder! Das sind doch grundsätzlich Rentner! Dabei hätten die das Hintenanstehen eigentlich schon in der Hitlerjugend lernen müssen. Aber nein, da hat die strenge Erziehung auch nichts gefruchtet ...

Rentner drängeln vor, ist ja auch klar, weil sie ja keine Zeit haben. Rentner haben ja immer Streß, da muß man als Berufstätiger auch mal Rücksicht nehmen. Ich muß mich terminlich immer nach meinen Eltern richten, weil die keine Zeit haben. Da sind einfach wichtigere Sachen, der Canasta-Nachmittag, Gymnastik, Vater hat noch ein dringendes Kreuzworträtsel, da kann man nicht einfach mal vorbeikommen. „Junge," sagt mein Vater dann, „einen Auftritt kann man auch mal verschieben, aber Mutters Makramee-Eule muß fertig werden."

Da kann man nichts machen. Rentner haben einfach zu wenig Zeit. Deswegen müssen sie auch unbedingt noch bei Rot über die Ampel, auch wenn sie für die 30 m eine Viertelstunde brauchen. Und wenn man dann hupt, oh! Dann wird aber mit dem Stock gedroht! Kleiner Tip von mir: Ich tu' dann immer den Gang raus und gebe einmal kräftig Gas. Da lernt selbst mancher Hüftlahme noch das Laufen!

Ich will ja bloß sagen: Es liegt nicht alles bloß an der antiautoritären Erziehung. Überhaupt hat es ja die anti-autoritäre Erziehung auch niemals bis zum Weltkrieg gebracht, auch der Holocaust war ja das Ergebnis der bür-gerlichen Ohrfeigenerziehung. Das wird ja bei der ganzen Diskussion auch viel zu oft vergessen.

Womit ich nicht sagen will, daß ich antiautoritär erzo-genen Kindern keinen Völkermord zutrauen würde. Traue ich grundsätzlich jedem zu. Bloß sind antiautoritär erzo-gene Menschen für die effektive Durchführung meist viel zu unorganisiert. Und das ist mir dann schon wieder irgendwie sympathisch.

FAZIT: EXISTENTIELLE UNSICHERHEIT ALS FOLGE DER UNMÖGLICHKEIT VON ERKENNTNIS.
Wo ist hier eigentlich der Notausgang?

Außerdem glaube ich sowieso nicht mehr an die Mög-lichkeit eines neuen Faschismus, schon weil sich das Leben zunehmend in virtuelle Welten verlagert, also Online-Netze, Fernsehen und so weiter ... Und wenn sich diese Entwicklung fortsetzt, dann wird sich im „wirkli-chen Leben" politisch bald gar nichts mehr abspielen. Das „wirkliche Leben" beschränkt sich dann nur noch auf Nahrungsaufnahme und wieder ausscheiden. Die Frage ist dann bloß: Was bedeutet dann eigentlich noch „wirkliches Leben"? Das ist ja auch ein uraltes philosophisches Problem, der alte Streit zwischen Rationalismus und Empirismus, bis hin zurück zu Platon und Aristoteles: Was ist wahr, die Wirklichkeit oder die Ideen? Oder jetzt mal auf das Fernsehen übertragen: Was ist wahr, die Abbildung oder das Abgebildete, also die Rama-Familie oder ich?

Oder ist die Rama-Familie nur eine teuflische Ausgeburt meiner paranoiden Phantasien? Denn so was kann es doch nicht wirklich geben! Menschen, die sich beim Frühstück ein frisches Croissant zentimeterdick mit Pflanzenfett zukleistern? Und einen dabei noch glücklich anstrahlen, als wäre es ein alter Kindheitstraum von ihnen, einmal mit einer Margarinevergiftung ins Krankenhaus zu kommen. Das kann's nicht geben, das muß Virtual Reality sein.

Gut, vielleicht gab es so etwas früher mal, in ferner Vergangenheit, als man auch noch mit der Familie zum Picknick raus aufs Feld fuhr. Aber wo gibt's heute noch Familien? Gut, bei Rama, Und bei Knorr. Bei Maggi, ist das auch eine Familie? Ne, das ist diese moderne Zweierbeziehung. Er kocht, sie kommt zu Besuch. Aber ist das erstrebenswert, so eine moderne Zweierbeziehung? Er serviert ihr Tütennudeln, und sie? Anstatt ihm den Fraß um die Ohren zu hauen, plärren sie noch mal gemeinsam: „Maggi, Maggi, Pasta, Pasta, Maggi, Maggi ..." Das hält doch keine Sau aus! Kein Wunder, daß es immer mehr

Singles gibt, wenn einem ständig diese Horrorvisionen vorgeführt werden.

Mit der Rama-Familie ins Kornfeld. Was soll ich denn da? Damit mir mein Handy wieder „Kein Netz verfügbar" anzeigt? Oder ich hab' wieder den Ärger, daß ich vergessen habe, die Akkus aufzuladen. Man muß ja ständig irgendwelche Akkus erst entladen und dann wieder aufladen, weil ja alles Akkus braucht, das Handy, der Organizer, der Cam-Corder ...

Gut, daß die Sachen wenigstens immer kleiner werden. Wenn ich mit dem ganzen Zeug aus dem Haus gehe, also da reicht ein ganz normaler Sack indessen völlig aus ... Wobei da auch natürliche Grenzen sind, was das Kleinerwerden angeht. Haben Sie schon mal die Eishockeyweltmeisterschaft auf so einem 10-cm-Casio-Fernseher gesehen? Also wenn diese Fernseher noch kleiner werden, dann braucht man bald ein Zusatzgerät, damit man überhaupt noch was erkennen kann, so eine Art Mikroskop. Das braucht dann wahrscheinlich auch wieder Akkus. Oder das Fernsehmodul wird gleich in den Augapfel implantiert. Kein Problem. Wird ja alles immer kleiner.

Auch zu Hause: alle Geräte werden immer kleiner. Bloß hat man zu Hause nichts davon, weil die meisten Geräte ja nur deshalb kleiner werden, weil die Hersteller die Netzgeräte ausgelagert haben. Weil die das Netzgerät jetzt in den Stecker einbauen. Deshalb hat man ja jetzt hinten am Stecker immer diese schweren schwarzen Klötze. Und wenn man die Geräte nicht täglich verwendet, weiß man nach zwei Wochen nicht mehr, welcher Klotz zu welchem Gerät gehört. Aber so ein Klotz paßt natürlich niemals auch zu einem anderen Gerät, damit man die auch ja nicht doppelt verwenden kann, und zwei von diesen Klötzen passen niemals nebeneinander in die Steckerleiste. Dann muß man erst wieder den Dreifachstecker an den Dreifachstecker an den Dreifachstecker anschließen. Bis ich einen riesigen Knoten unter der Couch habe, weil sich alles mit den Boxenkabeln verheddert hat, da kriege ich einen derartigen Haß. Und wenn ich dann noch das Ladegerät vom Organizer mit dem vom Mobilfax verwechsele ...

Wobei: Mobilfax finde ich toll. Handy hat ja heute jeder Idiot, aber ein Mobilfax: Wow! Das muß man im Restaurant mit dabei haben, nicht zum Protzen, einfach so! Ganz unauffällig natürlich, unter dem Mantel auf dem Stuhl oder so, daß das erst mal gar keiner bemerkt, und dann muß das plötzlich ganz leise wimmern: uauauauauau ... Einfach ignorieren, gar nicht drum kümmern, das Papier fährt ja von alleine raus.

Und nach fünf Minuten muß man dann ganz lässig rübergreifen, das Papier abreißen, kurz hinschauen und sagen: „Och, ist ein bißchen unscharf, ist wohl über'n Teich gekommen." Das ist geil.

Naja, ich muß feststellen: Mich bringt die Technisierung persönlich weiter, auch kulturell. Ich entwickele ja auch selber ein bißchen. Ich hab' zum Beispiel jetzt einen Mikrochip-Toaster entwickelt, der mir verschiedene Gemälde der Kunstgeschichte brandzeichenartig in mein Weißbrot einbrennt. Ich kann dann morgens wählen zwischen Leonardos „Madonna in der Felsengrotte", Monets „Kathedrale von Rouen" – menügesteuert im Morgen-, Mittags- oder Abendlicht –, und zu einer fettigen Salami nehme ich auch ganz gerne mal 'nen Rubens. Schön sind auch Picassos „Frauen von Avignon", denn die passen vom Format her so auf den Toast, daß da nix abgeschnitten wird. Das wäre ja Barbarei.

Die Frage ist: Braucht man das? Brauche ich überhaupt irgendwas von dem ganzen Zeug, was mir zu Hause die Steckerleisten füllt? Und kann ich das überhaupt noch beurteilen? Oder ist mein Hirn bereits derart mit Werbebeilagen zugemüllt, daß ich auf jede Neuerung reagiere wie ein Pawlowscher Hund. Das sind ja Manipulationszusammenhänge, das kann man selber gar nicht mehr beurteilen.

Auf der anderen Seite kann diese ganze Entwicklung ja auch positiv sein. Vielleicht ist ja die totale Technisierung das wahre Ende der Geschichte. Die historische Zeit als Entwicklung von der Scheibe über die Kugel zur Benutzeroberfläche. Der Mensch als Datei im Speicher der Wirklichkeit: erstellt am Geburtstag und am Ende einfach von der Festplatte gelöscht. Das ewige Leben eine Art Backup-Programm. Und, grauenhafte Vorstellung: der liebe Gott bloß das Ebenbild von Bill Gates. Aber das kann gar nicht sein: der liebe Gott ein Brillenträger?

Man weiß es nicht. Auch nach zweieinhalbtausend Jahren Philosophie wissen wir bloß, daß wirkliches Wissen nicht möglich ist. Wir können nur glauben. Wir glauben zum Beispiel, daß der Tag morgen 24 Stunden haben wird. Aber wir wissen es nicht. Wir glauben es bloß, weil es bisher immer so war, aber keiner kann nachweisen, daß das, was bisher war, auch morgen noch gilt. Wenn der Tag morgen aber vielleicht 40 Stunden hat, was dann? Ist das dann so etwas Ähnliches wie ein langer Samstag? Und gelten dann ab 24.00 Uhr die VPS-Zahlen von übermorgen?

Man weiß es nicht, weil man es nicht wissen kann. Wir leben in existentieller Unsicherheit, wir wissen nichts und müssen dennoch ständig Entscheidungen treffen. Das ist ja das Furchtbare. Und es wird immer schwieriger, weil alles immer unübersichtlicher wird im Streß der Konsumgesellschaft. Man verliert ja völlig den Überblick. Ich pack' das oft gar nicht mehr. Wenn ich dann bei Tengelmann völlig ratlos vor 25 Metern Süßigkeiten stehe, dann möchte ich dem verantwortlichen Marketingchef am liebsten mit dem gußeisernen Kinderriegel den Schädel spalten! Auf daß sich die Füllung desselben aufs Parkett ergieße: eine leichte Haselnußcreme und lockeres Karamel ...

Wie soll man da noch durchblicken? Auch die Probleme werden immer komplizierter. Beispiel Ozon! Oben haben wir zu wenig, unten zuviel. Das ist ja allein schon schwierig genug. Dann: Tagsüber erzeugen die Abgase mit der Sonne Ozon, nachts bauen die gleichen Abgase ohne Sonne das Ozon wieder ab, bloß langsamer ... das soll einer verstehen. Bald steht dann wahrscheinlich die Polizei bei mir in der Dämmerung vor der Haustür und sagt: „Herr Nuhr, fahren Sie mal 'ne Runde, das Ozon muß weg." Das soll einer verstehen.

Da fragt man sich doch: Gibt es überhaupt einen Logos, einen Weltgeist, der den Dingen innewohnt? Manchmal meine ich, das gibt es gar nicht. Oder wie ist es sonst zu erklären, daß ein Schnaps „Kleiner Feigling" heißen kann? Wie soll ich da draußen lebenswichtige Entscheidungen treffen, wenn ich drinnen schon an der Spirituosentheke überfordert bin? Es hilft einem ja auch keiner in diesem Labyrinth aus Waren und Regalen. Wer sollte einem auch helfen? Vielleicht diese Verkäuferinnen, diese ganzen

Damen, die nur einen Satz kennen: „Fragen Sie bitte meine Kollegin!" Wobei man der Fairneß halber einräumen muß, daß die noch einen kennen: „Wenn's nicht im Regal steht, ist es auch nicht da."

Das versteh' ich alles nicht. Es ist aber auch alles irgendwie so unlogisch organisiert. Wenn ich zum Beispiel an der Tankstelle Kaffee kriege, wieso kann ich dann in vielen Tchibo-Filialen immer noch nicht tanken? Warum predigt meine Mutter Sparsamkeit und ist dann sauer, wenn ich zwischen zwei und fünf Uhr morgens anrufe? Wieso heißen heute alle Kinder so wie die Möbel, auf denen sie gemacht wurden? „Malte", „Tore", „Lars" ... Daß die Schrankwand „Eiche rustikal" ausstirbt, ist ja in Ordnung, aber gab es denn keine andere Alternative als das schwedische Kellerregal „Ivar"? Sind wir schon Europäer, bloß weil unsere Betten den Namen „Gutvik" tragen? Das kann doch nicht wahr sein! Es ist aber wahr. Gucken Sie nach im Ikea-Katalog auf Seite 308. Ist das Europa?

Überhaupt: Europa! Warum soll mein Geld plötzlich Euro heißen? Ich kann ja nicht mal meine D-Mark beieinander halten. Wie soll ich mich in einem vereinten Europa zurechtfinden? Ich kann ja nicht mal zu Hause am Fahrkartenautomaten die Tarifzonen entziffern! Wabe 430! Da fahre ich lieber schwarz, da ist der Tarif einheitlich. Und zwar europaweit.

Der Mensch hat einfach zu viele Möglichkeiten heute, das kann keiner mehr nutzen. Der Mensch kann im Internet mit der ganzen Welt sprechen, und was erzählen sich die Menschen im World-Wide-Web? Haben Sie sich diese Dialoge mal angeschaut: „Hey, where you cum frum?" „San Diego. And you?" – „Bad Harzburg." Das ist doch deprimierend! Das Problem ist: Wir leben im Zeitalter der Kommunikation, aber die Menschen haben sich gar nichts zu sagen. Die Welt steht uns offen, aber wir suchen doch bloß ein Zuhause. Was machen die Menschen, wenn sie um die halbe Erde in ihre Ferienclubs gereist sind? Sie suchen sich andere Menschen aus ihrem Heimatland, freuen sich, wenn sie welche gefunden haben, und schütten sich dann gemeinsam die Rübe zu.

Waren Sie schon mal in so einem Cluburlaub? Ich hab' das einmal gemacht. Am schlimmsten waren die bunten Abende. Ich meine, tanzen, warum nicht, wer will, aber doch nicht mit einer handwarmen Apfelsine auf der Stirn. Ich, Auge in Auge mit einer 45jährigen Sachbearbeiterin. Ihr Atem streift mich, eine Mischung aus Tequila Sunrise und Tsatsiki. Ich sage Ihnen, da geht Ihnen nur noch ein Gedanke durch den Kopf: Wenn das die Krone der Schöpfung ist, wie riecht dann der Rest.

Ich glaube sogar, daß Mundgeruch der geheime Grund dafür ist, daß wir Deutsche im Ausland so unbeliebt sind.

Ich war neulich wieder in Österreich, und die Österreicher können uns ja überhaupt nicht leiden. Der einzige Grund, warum die uns da immer wieder reinlassen, ist, daß sie einfach noch keinen Weg gefunden haben, wie sie uns dazu bringen könnten, daß wir zu Hause bleiben und das Geld einfach überweisen. Die Schweizer haben das geschafft.

Aber was sollen die Menschen zu Hause? Sehen Sie sich die Leute, an in ihren Einkaufsstraßen und Ladengalerien, diese gebraucht-gekauften Gesichter, dann wissen Sie, was Heidegger mit seinem „In-die-Welt-Geworfen-Sein" meinte. Überall Orientierungslose mit Brille Fielmann und Designertüten.

Sie kennen doch diese mittelalterlichen Horrorgemälde von Hieronymus Bosch oder Pieter Breughel, diese Verdammten, die am Jüngsten Tag aus ihren Gräbern steigen, der Hölle entgegen. So sieht's doch aus um 17.00 Uhr am U-Bahn-Ausgang.

Wir leben in einer Geisterbahn, in der sich die Geister selber fortpflanzen. Als Wittgenstein sagte: „Der Tod ist nur das letzte Heilmittel gegen das Leben", das muß im Penny-Markt gewesen sein.

Und die Kinder wachsen auf in so einer Welt, kein Wunder, daß sie im Zoo völlig entgeistert fragen, wo die WC-Enten sind.

Wir stehen am Abgrund. Vor uns die Kluft zwischen Anspruch und Wirklichkeit, zwischen Können und Wollen, zwischen Haben und Sein. Noch ein Schritt weiter, und wir versinken in einem Meer aus Zeichen, Waren, Botschaften, Bildern. Von überall werden einem Sehnsüchte in die Ohren getrötet und Wünsche in den Schädel gehämmert. Und alles kostet Geld. Überall warten schon die Bankomaten und Scannerkassen. Die Welt ein Supermarkt, und ich? Ich steh' bloß blöd vor dem Eingang auf dem Parkplatz rum und hab' nicht mal eine Münze für den Einkaufswagen – und muß wildfremde Menschen ansprechen: „Hasse ma ne Maak?"

Dabei will ich doch auch nur mit dabeisein beim großen Ausverkauf, beim Halali auf die Wirtschaftswerte, bei der grandiosen Überflüssigkeitswerdung des Menschen, der endgültigen Mutation jeglicher Materie zur Ware auf dem Weltmarkt. Ich spüre es, wir leben an einem historischen Wendepunkt, hier spielt sich etwas Großartiges ab, vielleicht sogar das Größte, was Menschen je geschaffen haben, bloß was? Das ist mir eigentlich völlig unklar.

Gute Nacht.

Mit seinem Programm „Nuhr weiter so"
gastierte Dieter Nuhr im April 1996
im Düsseldorfer Kom(m)ödchen.
Am Rande der Gastspielreihe sprach
Shandor Sintermann mit dem Kabarettisten.

SHANDOR SINTERMANN: Herr Nuhr, mit Ihrem ersten Programm „Nuhr am nörgeln" haben Sie sich in die Bundesliga der Miesepeter gespielt. Geht es jetzt „Nuhr weiter so"?

DIETER NUHR: Thematisch eher weniger. „Nuhr am nörgeln" beschäftigte sich schließlich in erster Linie mit meinen altersbedingten Problemen. Die habe ich überwunden. Mit 35 ist der Tod zu nah, als daß man noch Zeit hätte, über das Alter zu philosophieren.

„Nuhr weiter so" beschäftigt sich nicht mehr mit meiner persönlichen Krise, sondern mit der Zeit im allgemeinen, der Zeit der Jahrtausendwende. Wir gehen mit Riesenschritten auf das Jahr 2000 zu, und immer noch gibt es kein ökologisch vertretbares und gleichzeitig wirksames Mittel gegen Blattläuse. Es ist also überfällig, die Zukunft neu zu überdenken.

SHANDOR SINTERMANN: Warum dann der Titel: „Nuhr weiter so"?

DIETER NUHR: Der Titel „Nuhr weiter so" signalisiert hauptsächlich formale Kontinuität. Ich habe wieder keinerlei Requisiten, aber dafür wieder mächtig schlechte Laune. Es gibt wie bisher Authentizität statt Inszenierung, Ratlosigkeit statt klarer Antworten. Ein menschliches Programm eben. Ratlos sind schließlich alle. Grauenhaft ist, daß uns immer wieder Patentlösungen verkauft werden sollen. Die finale Katastrophe aber besteht darin, daß es immer noch Verbraucher gibt, die begeistert zugreifen.

SHANDOR SINTERMANN: Ihre assoziativen Gedankenketten erinnern oft an das Zappen beim Fernsehen. Man hat den Eindruck, die Welt würde in verschiedenen Kanälen an einem vorbeirauschen.

DIETER NUHR: Stimmt, aber ich habe die Fernbedienung. Ich bestimme die Bilder und stelle Verbindungen her. Und aus vielen kleinen Bildern entsteht mit der Zeit eine Art Collage, die unsere Realität beschreibt.

SHANDOR SINTERMANN: Wo bleibt da die Analyse?

DIETER NUHR: Strukturen werden Sie vergeblich suchen, weil sich ja auch die Realität in ihrer totalen Unübersichtlichkeit einer Strukturierung verweigert. Die Welt besteht nur aus einer Vielzahl von Bildern, nicht aus Strukturen.

Deshalb haben ja gesellschaftliche Systemtheorien und Ideologien versagt. Früher hat man geglaubt, alles in einfache Strukturen pressen zu können, bis man gemerkt hat, daß manchmal aus kleinsten Nachbarschaftsstreitigkeiten Bürgerkriege entstehen, auf der anderen Seite aber häufig übelste Ungerechtigkeiten friedlich hingenommen werden. Die Entwicklung der Gesellschaft ist nicht vorhersehbar, nicht berechenbar.

Schließlich wissen wir seit der Chaos-Theorie, daß sich Systeme, in denen mehrere Faktoren aufeinander einwirken, unberechenbar entwickeln. Und Gesellschaften bestehen aus Millionen von Faktoren. Systemtheorien haben sich bei der Zukunftsvorhersage als ähnlich treffsicher erwiesen wie das Bildzeitungshoroskop oder die chinesischen Orakelpapierchen in der Frühlingsrolle.

SHANDOR SINTERMANN: Das klingt resignativ. Ist damit der Anspruch auf Aufklärung vom Tisch?

DIETER NUHR: Das hat mit Resignation nichts zu tun. Eher mit Realismus. Sprache und Bilder können das

Leben nicht ganzheitlich erfassen, nur in Ansätzen beschreiben, je mehr Bilder, desto mehr wissen wir von der Realität. Das ist die Logik der Bilder- und Buchstabenflut. Das ist die mediale Revolution, fragen Sie Sloterdijk oder Flusser. Ich mache Bilder und setze sie in Zusammenhänge. Wenn dann nach der Vorstellung jemand sagt, daß er das ja alles irgendwie selber schon erlebt, aber trotzdem noch nie so gesehen hat, dann ist schon was erreicht. Das ist es doch, was Kunst sein kann: ein irritierter Blick auf die Welt. Nicht mehr und nicht weniger.

Das hat ja auch eine existentielle Komponente: Wenn man sich in dieser Welt orientieren will, muß man sich zunächst ein Bild machen, und zwar auf allen Ebenen, von der Käsetheke bis zum Universum. Bilder sind die Grundlage jeder Aufklärung.

Ich biete Bilder an. Was die Leute dann mit meinen Bildern machen, müssen sie mit sich selbst ausmachen. Ob sie am Ende etwas Existentielles mitgenommen haben oder bloß gelacht haben, ist ihre Sache. Die Menschen können ruhig nach etwas Philosophie in meinem Programm suchen. Sie können auch fündig werden, müssen aber nicht.

Und außerdem: In der Kunst geht es nicht um Aufklärung, dafür gibt es die Wissenschaft, den Journalismus und so weiter. In der Kunst geht es um Anrühren, Aufrühren, Verstören und nicht zuletzt um Identifikation. Das war nie anders.

SHANDOR SINTERMANN: Wo bleibt da die Botschaft?

DIETER NUHR: Das Bild ist die Botschaft. Ich will die Menschen ja nicht infiltrieren. Ich bin doch keine geistige Waschmaschine, die versucht, megaperlartig in fremde Hirne vorzudringen. Ich bin auch kein mentaler Vorkauer, wie das oft von Kabarettisten erwartet wird. Zu Unrecht übrigens. Denn dieses Kabarett gibt es kaum noch. Zu Recht. Die Leute, die zu mir kommen, sind selbst des Denkens mächtig und brauchen keinen aufgeklärten Wanderprediger.

SHANDOR SINTERMANN: Wie stehen Sie zur Comedy-Welle? Hat das Kabarett eine Zukunft?

DIETER NUHR: Die Zukunft des Kabaretts hat doch nichts mit der Comedy-Welle zu tun. Einen guten Komiker finde ich herrlich! Warum soll man nicht einfach lachen, ohne sozialethischen Unterbau? Ich glaube, die Unterscheidung Komiker und Kabarettist gibt es weltweit einzig und allein in Deutschland.

Außerdem: Daß Comedy das Kabarett umbringt, ist völlig falsch, das Gegenteil ist der Fall. Niemals sind mehr Leute ins Kabarettheater gelaufen als heute. Jedes Dorf hat seinen Kulturverein, überall kann man auftreten, und es kommen jede Menge Leute.

Bestimmte Formen des Kabaretts kommen und gehen, eine Szene stirbt, andere entstehen, das Kabarett selbst aber ist jünger denn je.

SHANDOR SINTERMANN: Aber daß der Blödsinn Konjunktur hat, kann man doch nicht bestreiten.

DIETER NUHR: Das stimmt vielleicht, aber schadet das dem Kabarett? Was hat das eine mit dem anderen zu tun? Da schwingt auch ein bißchen diese Haltung der alten Säcke mit: „Früher war alles besser". Früher gingen die Menschen im Sonntagskleidchen zur Kultur, weil das Abonnement sie dazu zwang. Diesen Zustand hat man früher mit Kultur verwechselt. Die Leute waren aber nicht schlauer oder kultureller als heute, bloß angepaßter.

Heute gibt es viel mehr Triviales, weil die Menschen zu ihrem Entspannungsbedürfnis stehen. Ist das ein Verbrechen? In den 70ern hieß Comedy noch „Nonsens" und war in der Kleinkunstszene völlig etabliert. Es gibt ein

Nebeneinander von Kunst und Unterhaltung. Und das ist in Ordnung.

Der Groschenroman hat auch nicht die Literatur verdrängt, die Volksmusik ist nicht der natürliche Feind der neuen Musik. Jetzt wird plötzlich in der Kleinkunst mit trivialer Komik sehr viel Geld verdient. Und Geld macht die selbsternannten Kulturaufseher immer mißtrauisch. In Deutschland müssen Künstler eben leiden, sonst sind sie keine Künstler, und der Untergang des Abendlandes steht vor der Tür. Dabei haben die Sittenwächter des Humors in ihrem Entsetzen völlig übersehen, daß auch der nichttriviale Bereich ständig wächst.

SHANDOR SINTERMANN: Fazit: Die Kultur wird schon überleben. Aber der Megaerfolg bleibt der Dummheit vorbehalten.

DIETER NUHR: Ach Gott, so einfach funktioniert die Trennung doch gar nicht. Es ist doch nicht so, daß die Doofen zur Comedy gehen und die Schlauen ins Kabarett. Ich mag es auch, wenn es mal herrlich dämlich wird. Es gibt saugute Komiker, allerdings auch viele schlechte. Im Moment wird im Fernsehen anscheinend alles gesendet, was billig Sendezeit füllt. Auf der anderen Seite gehen heute auch Leute ins Kabarett, die über die Comedy überhaupt erst die Kleinkunst kennengelernt haben. Dieses ganze Gegeneinanderaufrechnen, Comedy im Krieg gegen das Kabarett, lebt allerdings unter anderem auch davon, daß Comedians gerne gegen das Kabarett agitieren, als wenn es etwas ganz Furchtbares wäre, eine Botschaft zu haben.

Dabei ist das Zeigefingerkabarett, auf das dieses Feindbild zielt, schon lange nicht mehr existent. Aber Feindbilder sind eben zäh. Der Wille zur Abgrenzung vom Kabarett hat seinen Grund aber unter anderem auch darin, daß Comedians häufig den Kabarettisten gegenüber massive Minderwertigkeitskomplexe haben, weil sie die Minderwertigkeit eines botschaftsfreien Humors als Deutsche selbst irgendwie verinnerlicht haben und jetzt Rechtfertigungsdrang verspüren.

SHANDOR SINTERMANN: Sind die Deutschen humorlos?

DIETER NUHR: Eigentlich nicht. Doch wer bei jeder sinnlosen, aber lustigen Pointe die Nase rümpft, ist vielleicht manchmal ganz einfach humorlos. So was soll es ja geben, auch in Deutschland.

Humor muß hier immer auch einen Sinn haben, Absurdes ist ganz schwierig. Kritiken, in denen sinngemäß steht: „Ja, ich habe gelacht, aber ich bereue es, denn es war unter meinem Niveau!", so etwas gibt es, glaube ich, nur hier.

Und man stellt sich gerne über die, die über so was lachen können. Hier gibt es auch die Arroganz der Bildungsbürger, die – als Pädagogen, Journalisten oder Kulturschaffende getarnt – immer schon auf Seiten des Volkes standen, aber nichts so sehr verabscheut haben wie die Dummheit der Leute, für die sie kämpfen. Wenn ich polemisch wäre, würde ich das Kulturstalinismus nennen, aber ich bin ja nicht polemisch. Also nenne ich es einfach beleidigtes Herrendenken von Menschen, die es nicht mehr schaffen, mit einem prall gefüllten Bücherschrank potentiellen Sexualpartnern zu imponieren.

Shandor Sintermann: Wem imponieren Sie?

Dieter Nuhr: Dem bürgerlichen Mittelstand, schusseligen Professoren und hochintelligenten Friseusen ohne Altersangabe. Außerdem Rentnern und Schülern. Ohne Anspruch auf Vollständigkeit.

DIETER NUHR

1960	Geburt in Wesel/Niederrhein
1970–72	Meßdiener der Pfarrkirche St. Rochus, erste Bühnenerfahrung
1966–79	Schullaufbahn (Sport: sehr gut, Chemie: teilgenommen)
1979–81	Zivildienst (leichte Bürotätigkeit, erste Rückenprobleme)
1981–89	Studium: bildende Kunst, Geschichte (mit Hochschulabschluß!)
1989–93	Ensemblekabarett, Lehr- und Wanderjahre
1994	Erstes Kabarettsolo: „Nuhr am nörgeln"
1996	Zweites Soloprogramm: „Nuhr weiter so"

Theaterengagements als Solokabarettist:

Lach- und Schieß-Gesellschaft, München; Burgtheater, Nürnberg; Renitenz-Theater, Stuttgart; Unterhaus, Mainz; Haus der Springmaus, Bonn; Senftöpfchen-Theater, Köln; Kom(m)ödchen, Düsseldorf; Kampnagel-Festival, Hamburg; Wühlmäuse, Berlin sowie in Swisttal-Morenhoven, Übach-Palenberg, Idar-Oberstein, …

Rundfunk:

– regelmäßige Beiträge für „Zugabe", WDR
– „Unterhaltung am Wochenende", WDR
– Sendungen und Ausschnitte bei: Deutschlandfunk, BR, SWF, SR, WDR, SFB u. v. m.

Fernsehen:

– Satire-Fest, SFB
– Mund-Art, 3SAT
– S'Brettl, SWF

- „Gesellschaftsabend" mit Hanns Dieter Hüsch, SR
- „Mitternachtsspitzen"
- Übertragung der Bühnenprogramme in den dritten Programmen der ARD
- „Sportschau", ARD
- „Hallervordens Spottlight", ARD
- „RTL Samstag Nacht"; „RTL Nachtshow"
- regelmäßige Kolumnen bei „Flutlicht", SWF; „K.u.K.", WDR; „Westpol", WDR
- tägliche satirische Berichterstattung von der Fußball-Europameisterschaft 96 in England für das ZDF
- u. v. m.

Dieter Nuhr

wird vertreten durch:

KÜNSTLER- UND TOURNEEMANAGEMENT GMBH

D - 55116 Mainz • Münsterstraße 1a
Tel 0 61 31-22 93 00 • Fax 0 61 31-23 82 45

Kabarett
im con anima
Verlag

Vor ihm die 68er,
nach ihm Punks und
Yuppies, zwischen
allen Stühlen eine
Generation, die es nicht
einmal zu einem eigenen
Klischee gebracht hat:
Jahrgang 1960.
Dieter Nuhr hat hier
ein penibel beobachtetes
und geradezu saukomi-
sches Portrait dieser
bisher unbeachteten
Generation geschaffen.
Eine Lektüre für alle
Altersstufen, die sich
einen ironischen Blick
auf die Realität
bewahrt haben.

Dieter Nuhr:
Nuhr am nörgeln!
Taschenbuch, 112 S.
ISBN 3-931265-02-1
DM 14,80

„Nuhr am nörgeln"
auf CD erschienen bei:
WortArt
Moltkestraße 82-84
50674 Köln
Telefon 0221-511005
Fax 0221-562364
Best.-Nr. 120240

Kabarett im con anima Verlag

Seit Jahren schon
war es Lore Lorentz'
großer Wunsch, Texte von
Heinrich Heine auf der
Kom(m)ödchen-Bühne
zu präsentieren.
Die räumliche Nähe
des Düsseldorfer
Kom(m)ödchens zu
Heines Geburtshaus
war ein weiterer Ansporn
dazu. Mit ihrem letzten
Soloprogramm
„Denk' ich an Deutschland"
hatte sie sich diesen
Wunsch erfüllt.
Im Live-Mitschnitt
aus dem Kom(m)ödchen
zeigt Lore Lorentz in ihrer
unvergleichlichen Art,
wie Heine immer noch
ins Schwarze trifft, und
daß einfühlsam
beobachtende Ironie
kein Verfallsdatum hat.

Lore Lorentz:
**„Denk' ich an
Deutschland"**
Eine kabarettistische
Lesung mit Heinrich Heine
CD MTW 10390
ISBN 3-931265-00-5
DM 28,–

Durch die Mithilfe
des WDR Köln entstand
diese CD mit historischen
Live-Mitschnitten aus
dem Düsseldorfer
Kom(m)ödchen.
Die Chansons aus Lore
Lorentz' Soloprogrammen
„Eine schöne Geschichte"
(1984) und „Marschmusik
für Einzelgänger" (1986)
mit Texten von Martin
Morlock, Wolfgang Franke
und Werner Schneyder
haben bis heute
nichts an Aktualität
eingebüßt.

Lore Lorentz:
Chansons
CD CA 9501
ISBN 3-931265-01-3
DM 32,–

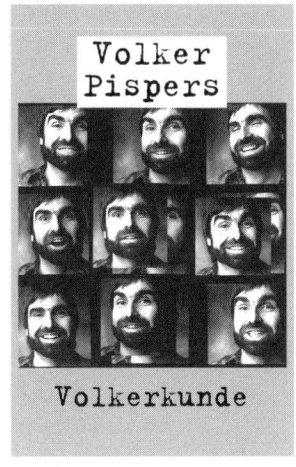

Seit 1982 wetzt Volker Pispers (Jahrgang 1958) sein satirisches Stilett an den bundesdeutschen Realitäten.

„Frisch gestrichen" ist bereits sein sechstes Solokabarettprogramm, mit dem er seit 1994 in ständig aktualisierter Fassung auf deutschen Kleinkunstbühnen gastiert. Er unternimmt in seinem Programm eine Rundreise durch die Bonner Streichorgie und zieht die Politiker bis aufs Hemd aus.

1995 wurde er mit dem renommiertesten deutschen Kabarettpreis, dem Deutschen Kleinkunstpreis ausgezeichnet.

Volker Pispers:
„Frisch gestrichen"
CD CA 9601
ISBN 3-931265-03-X
DM 28,–

Ausgewählte Texte aus sechs Soloprogrammen, die Volker Pispers seit 1985 auf die Bühne gebracht hat, haben wir für dieses Buch zusammengestellt.
Das aktuelle Programm „Frisch gestrichen" ist fast vollständig enthalten. Darüber hinaus finden sich einige Texte, die als aktuelle Glosse für Funk bzw. Fernsehen geschrieben wurden.

Volker Pispers:
Volkerkunde
Taschenbuch, 128 S.
ISBN 3-931265-04-8
DM 16,–

Erhältlich im Buchhandel oder im con anima Verlag Christian Franzkowiak
Dahlienweg 15 • 40468 Düsseldorf • Telefon / Fax 02 11 - 4 22 06 67